Olivier Walmacq
Djamel Benouis

Les films de chevet: lettres B et C

Olivier Walmacq
Djamel Benouis

Les films de chevet: lettres B et C

Les films cultes et les classiques du cinéma

Bloggingbooks

Impressum / Mentions légales
Bibliografische Information der Deutschen Nationalbibliothek: Die Deutsche Nationalbibliothek verzeichnet diese Publikation in der Deutschen Nationalbibliografie; detaillierte bibliografische Daten sind im Internet über http://dnb.d-nb.de abrufbar.
Alle in diesem Buch genannten Marken und Produktnamen unterliegen warenzeichen-, marken- oder patentrechtlichem Schutz bzw. sind Warenzeichen oder eingetragene Warenzeichen der jeweiligen Inhaber. Die Wiedergabe von Marken, Produktnamen, Gebrauchsnamen, Handelsnamen, Warenbezeichnungen u.s.w. in diesem Werk berechtigt auch ohne besondere Kennzeichnung nicht zu der Annahme, dass solche Namen im Sinne der Warenzeichen- und Markenschutzgesetzgebung als frei zu betrachten wären und daher von jedermann benutzt werden dürften.

Information bibliographique publiée par la Deutsche Nationalbibliothek: La Deutsche Nationalbibliothek inscrit cette publication à la Deutsche Nationalbibliografie; des données bibliographiques détaillées sont disponibles sur internet à l'adresse http://dnb.d-nb.de.
Toutes marques et noms de produits mentionnés dans ce livre demeurent sous la protection des marques, des marques déposées et des brevets, et sont des marques ou des marques déposées de leurs détenteurs respectifs. L'utilisation des marques, noms de produits, noms communs, noms commerciaux, descriptions de produits, etc, même sans qu'ils soient mentionnés de façon particulière dans ce livre ne signifie en aucune façon que ces noms peuvent être utilisés sans restriction à l'égard de la législation pour la protection des marques et des marques déposées et pourraient donc être utilisés par quiconque.

Coverbild / Photo de couverture: www.ingimage.com

Verlag / Editeur:
Bloggingbooks
ist ein Imprint der / est une marque déposée de
OmniScriptum GmbH & Co. KG
Heinrich-Böcking-Str. 6-8, 66121 Saarbrücken, Deutschland / Germany
Email: info@bloggingbooks.de

Herstellung: siehe letzte Seite /
Impression: voir la dernière page
ISBN: 978-3-8417-7428-6

Copyright / Droit d'auteur © 2014 OmniScriptum GmbH & Co. KG
Alle Rechte vorbehalten. / Tous droits réservés. Saarbrücken 2014

Les films de chevet (partie 2)

Liste des films (B à C) :

Lettre B :..5
Baby Cart : Le Sabre de la Vengeance...5
Baby Cart 2 : L'Enfant Massacre...8
Bad Lieutenant..12
Le Bal des Maudits..13
Balada Triste de Trompeta...17
La Balade Sauvage..19
Barry Lyndon...22
Batman : Le Défi...25
Baxter..27
Beetlejuice...30
Begotten...33
La Belle et la Bête (1946)...35
Ben-Hur...38
Bienvenue à Gattaca...40
Birdy..42
Black Christmas (1974)..45
Blade Runner..47
Blanche Neige et les 7 Nains..55
Blue Snuff...57
Blue Velvet..60
La Bombe..62
Le Bon, La Brute et le Truand..65

Bonnie and Clyde..67

Bons Baisers de Russie...70

Braindead..72

Brazil...74

Bronson...76

Butch Cassidy et le Kid..78

Le Cabinet du Docteur Caligari...81

Caligula...84

Cannibal Holocaust..87

Les Canons de Navarone..89

Carnival Of Souls...91

Carrie Au Bal du Diable...93

Casablanca...96

Casino..98

Casino Royale..100

Le Cercle des Poètes Disparus...102

Le Cercle Rouge...104

Certains l'Aiment Chaud..106

Ces Garçons Qui Venaient du Brésil..108

César et Rosalie..112

C'est Arrivé Près de Chez Vous...115

La Chair et le Sang...117

Chantons Sous la Pluie...120

La Chevauchée Fantastique...122

Les Chiens de Paille (1972)...124

Chinatown..126

Le Choc des Titans (1981)...128

La Chose d'Un Autre Monde...131

Chromosome 3...132

Le Cirque	134
Citizen Kane	137
Le Clan des Siciliens	139
Collateral	141
La Colline A Des Yeux (1977)	144
Conan le Barbare	146
Concrete (2004)	148
Concrete-Encased High School Girl Murder Case	151
Le Corbeau	153
La Couleur Pourpre	156
Coup de Torchon	158
Creepshow	160
Le Criminel	163
The Crow	165
Le Cuirassé Potemkine	167
Cyrano de Bergerac	171

Lettre B :

Baby Cart : Le Sabre de la Vengeance

Année : 1972

Réalisateur : Kenji Misumi

L'histoire : Ogami Itto, bourreau du Shogun, est poursuivi à travers le Japon pour le meurtre de sa femme (qui est le fait du camp Yaghyu). Accompagné par son fils, Daigoro, il sème la mort et la désolation sur son passage. On l'appelle "le loup à l'enfant".

La critique :

Dans chaque film de Misumi, on retrouve une certaine forme d'inspiration du cinéma d'Akira Kurosawa, mais dont le cinéaste ne garde que les bons éléments, pour mieux virer les moins intéressants. On retrouve cette inspiration dans Le Sabre de la vengeance, premier film de la saga Baby Cart, saga qui perdurera jusqu'en 1974, pour verser à la fin dans le fantastique.

Pour en revenir à Kurosawa, il faut reconnaître qu'ici, sa patte est omniprésente : on y reconnaît la forêt de Rashomon, et son viol également, tandis que le village de paysans opprimés par des gangsters renvoie à Les Sept samouraïs. La grosse différence reste bien évidemment l'utilisation de la couleur, qui donne du relief aux jets de sang parfois un peu ridicules qui jaillissent (ah oui, dès qu'il y a une entaille, on croirait qu'il y a un geyser ou un puits de pétrole dans les environs). Le Sabre de la vengeance est au film de sabres ce que Le Grand silence de Corbucci est au western : une constatation ultraviolente d'un monde en train de changer et de valeurs (comme l'honneur, rien que ça) qui se perdent : on tue des familles entières, on viole en pleine rue sous les yeux du père de la victime, on souille pour de l'argent le nom d'une famille entière etc. Et pour le dernier fait énoncé, c'est ce qui arrive au héros du film.

Sa femme a été tuée, il est recherché pour un crime qu'il n'a pas commis dans tout le royaume, est sans le sous et alourdi par son bébé, qu'il n'a pas eu le courage de tuer.

Si la situation de ce protagoniste peut aisément adoucir les âmes sensibles, on sera bien moins pris en pitié lorsqu'on apprendra que cet homme était en vérité... le bourreau le plus sanguinaire du shogun. L'ouverture du film le montre même en train d'égorger un enfant (hors-champs bien sûr). Lorsqu'il s'apprête à donner le coup de grâce, l'écran devient complètement rouge et un petit résumé nous met dans les conditions nécessaires pour suivre.

Vous l'aurez compris, Le Sabre de la vengeance n'est pas un film très gai (il s'agit avant tout de démystifier l'icône du samouraï), aucun personnage n'est ni tout blanc, ni tout noir, et la seule personne digne de sympathie de toute cette histoire (avec le bébé) est... une prostituée. Avec qui le héros aura d'ailleurs une relation, filmée avec deux pellicules superposées (procédé repris dans Baby Cart 2 : l'enfant massacre mais dans le contexte d'un combat cette fois), l'un montrant la figure de la femme et l'autre la main du héros lui caressant la peau. Le tout se passe dans la pénombre, avec de la fumée autour des deux acteurs, vu que l'on se trouve dans un établissement de bains. La plus belle mise en scène de l'extase jamais vue, sans aucun doute, car bien évidemment, les fumées peuvent aussi provenir des deux corps se... enfin vous m'avez compris !

On retrouve de nombreuses thématiques chères à Misumi : les femmes fortes (comme la fiancé du fugitif de Tuer !) à l'inverse des films de Kurosawa où la gente féminine est traitée comme un ramassis de potiches ou de femmes au foyer à quelques exceptions près (Ran, Rashomon) et le héros malchanceux, seul représentant de certaines valeurs au milieu de bandits sans scrupules. L'idée de la destruction d'un monde et de son renouveau évoque à nouveau Rashomon à la fin duquel, rappelons-le, l'enfant est donné à un vieil homme, et malgré toutes les horreurs du film (meurtres, viol), la vie continue. La morale du Sabre de la vengeance est presque identique, puisqu'après le massacre à la station thermale, le héros repart avec son landau.

Et c'est avec ce massacre que l'on se rend compte de deux choses : de un, Kill Bill n'a bel et bien rien inventé du tout, et de deux, Le Sabre de la vengeance marque l'entrée dans film de samouraïs violent des années 70.

En 1974, ce sera Lady Snowblood.
On n'oubliera pas non plus le très beau travail de la bande-son qui passe successivement du muet au parlant dans un océan de couleurs d'une beauté qui aura de quoi faire rougir les amateurs de cinéma expérimental japonais.

Pour terminer, il est étonnant de constater que la trame générale de la dernière partie du film dans la station thermale rappelle un peu les westerns : un homme arrive, il règle les problèmes, il part. Si la sexualité, sans arrêt mise au premier plan, évoque L'Homme de l'ouest d'Anthony Mann, c'est plutôt aux Sept mercenaires et à Leone qu'on pensera pour le petit village et les méchants lâches et caricaturaux.
Le wu xia pan et le western spaghetti, en voilà des films de genre !

Note : 16/20

Baby Cart 2 : L'Enfant Massacre

Année : 1972
Réalisateur : Kenji Misumi
L'histoire : Suite des aventures d'Ogami Itto et de son fils, Daigoro, qui ont cette fois affaire à des femmes ninjas et à trois frères sadiques aux techniques de combat redoutables...

La critique :
L'Enfant massacre est souvent considéré (à tort) comme le meilleur opus de la saga Baby Cart, et c'est aussi celui qui s'est imposé au fil du temps comme le plus emblématique de la série.

Quoiqu'il en soit, si L'Enfant massacre est un incontestable chef d'oeuvre, il reste tout de même inférieur à ce qui est pour moi LE meilleur opus de la saga, La Terre de l'ombre. Enfin bon, pour le moment, restons au chapitre 2 et voyons ce que nous réserve L'Enfant massacre.

Les aventures d'Ogami Itto et de son fils Daigoro continuent et ils tombent cette fois-ci sur une femme dirigeant un clan de femmes-ninjas (coucou Lady Snowblood, coucou Kill Bill !) et sur trois frères sadiques maîtres dans l'art de tuer soit Avec une masse Avec des griffes Avec un poing hérissé de pics (!).

Pour commencer par les femmes ninjas, elles prouvent leur efficacité dans une scène particulièrement violente (qui a en partie nourri la réputation « choc » du film) où elles démembrent un yakuza de sexe masculin. De quoi pulvériser les grands principes machos de la supériorité masculine, car (je me répète), comme souvent chez Misumi, le pouvoir est dans les mains des femmes, traitées sur un pied d'égalité avec les hommes.

Alliées au clan Yaghyu, les femmes ninjas attaquent sur le bord de la route Ogami Itto en se faisant passer pour des acrobates et, lors d'une succession virtuose d'images très brèves, Kenji Misumi enchaîne des inserts sur les rayures des vêtements des femmes ninjas ! De toutes les couleurs, de toutes les tailles de toutes les formes. Et ce à une vitesse frénétique, qui donne un sentiment de vertige encore accentué par un savant zoom compensé (procédé inventé par Hitchcock pour les besoins de Vertigo en 1958, rappelons-le) sur le visage d'Ogami Itto, ce qui achève de rendre la scène absolument mythique et exemplaire, voire irremplaçable et incontournable.

Et on ne sera pas surpris de voir que tout le reste du film bénéficie de la même maîtrise technique (superposition de pellicules évoquée dans l'article sur Le Sabre de la vengeance), par exemple avec le superbe panoramique dans la bassine où Ogami Itto et son fils se lavent, la pano permettant de passer du père au fils du père au fils du père au fils sur un petit tintement musical très léger qui finit par devenir obsédant.

Dans la seconde partie du film, le héros doit faire face aux trois frères dont je parlais plus haut, qui nous sont présentés lors d'un passage d'une rare violence où nous assistons, médusés, au massacre par les trois « zozos » de toute une bande de pirates dont l'un d'eux braque même un fusil sur ses adversaires (ce qui n'est pas sans évoquer furtivement le passage du théâtre de Il était une fois en Chine de Tsui Hark). Cette seconde partie mise d'avantage sur l'action mais n'en délaisse pas pour autant le spectateur, puisque le film se clôt sur un affrontement mémorable dans le désert (qui n'est pas sans rappeler Le Bon, la brute et le truand) où Ogami Itto exécute les trois larrons. Mais la particularité de cette traversée se situe avant l'entrée en scène du héros, lorsque l'un des trois frères se retrouve seul dans le cadre, et plante sa griffe dans le sable. Misumi effectue alors un très beau travail sur la couleur, et le sable devient peu à peu orange puis rouge vif. Et un homme à l'état de cadavre est extirpé de sous le sable. Un deuxième, un troisième puis un quatrième subit le même sort avant que toute une véritable armée sorte du sol dans un passage incroyable aux limites du fantastique.

Lorsqu'Ogami Itto finit par tuer à son tour les trois frères de manière pathétique dans le sens propre du terme, le cinéaste réussit à pousser à l'extrême la tendance expérimentale de sa saga en faisant un très gros plan sur la traînée de sang qui s'échappe du cou de l'un des trois frères, lequel affirme qu'il entend son cou « chanter ». Mêlant l'abstraction de ce plan à la poésie des paroles en voix off, Kenji Misumi atteint dans cette scène l'apogée de son art, allant au-delà de la simple violence pour réussir une perle rare d'une beauté à couper le souffle.

Pour en conclure avec L'Enfant massacre, j'évoquerai juste un dernier point sur le côté bien plus « conte » de ce deuxième opus, notamment pour les passages de nuit qui précèdent le kidnapping de Daigoro, où l'enfant joue dans l'herbe de nuit, avec une innocence finalement feinte, trahie au vu des massacres auxquels il participe, ce qui rappelle invariablement The Night of the Hunter. Ces passages-là, loin de marquer une pause dans le récit, comptent parmi les plus insoutenables car le spectateur sait très bien ce que risque à tout instant le jeune enfant, mais le jeune enfant en question ne le sait pas !

Le fait de mettre le spectateur dans cette position (en avance sur le protagoniste) et de créer l'attente de par ce concept est la définition même du suspense selon un certain Alfred Hitchcock. Et Misumi l'applique simplement. Mais lorsque le réalisateur de Tuer ! ajoute à cela une photographie qui capte à merveille l'obscurité des bois et le côté extrêmement « fantastique » du cadre, on passe directement à ce qui s'appelle du grand art, s'attachant à l'aide de gros plans sur le visage de Daigoro à décrire tous ses petits jeux dans l'herbe, afin d'empêcher le spectateur d'appréhender le reste du décor. Tout l'écran est occupé par la tête de Daigoro (à l'inverse du passage dans les bois de To Kill a Mockingbird par exemple). Nous sommes pris au piège !

Kenji Misumi a atteint le sommet.
Et loin d'en redescendre, avec Baby Cart 3 : dans la terre de l'ombre, ce sommet, il le dépassera.

Note : 19,5/20

Bad Lieutenant

Genre: policier (interdit aux - 16 ans)

Année: 1992

Durée: 1h35

L'histoire: Un flic pourri et drogué accumule les dettes. Lorsqu'une nonne est violée par deux hommes dans une église, elle offre une récompense sur la tête des deux criminels.

La critique :

Le flic pourri n'est pas un sujet nouveau au cinéma. Toutefois, avec Bad Lieutenant, à ne pas confondre avec Bad Lieutenant: Escale à la Nouvelle Orléans, Abel Ferrara signe un polar sombre et sans concession.

Abel Ferrara est un provocateur et cherche à nous mettre un uppercut en pleine tronche. Mission réussie avec ce film choc, violent et OFNI, justement interdit aux moins de 16 ans.

Pour cela, Abel Ferrara se concentre sur le portrait d'un policier pourri, drogué et obsédé sexuel. Un rôle parfaitement tenu par Harvey Keitel, totalement investi dans son personnage. Ce flic transgresse tous les codes moraux.

Oui, ce bad lieutenant est bel et bien un pécheur. Seule sa plaque de policier lui permet encore de survivre dans la jungle urbaine.

C'est d'ailleurs la première partie du film. Toutefois, cet homme sans foi ni loi va radicalement changer lorsqu'une bonne soeur est violée par deux criminels dans une église. Le sale flic va alors mener son enquête.

Certes, ce personnage a abandonné tout espoir et la réalité du monde lui échappe totalement. Cependant, ce crime sadique va ramener le flic dans le droit chemin, tout du moins, dans l'expiation de ses fautes avant de pousser le dernier souffle.

C'est indéniablement la thématique de Bad Lieutenant. Le film d'Abel Ferrara a donc une vraie dimension religieuse. En un sens, le héros est un flic martyr qui a perdu toute raison de vivre dans une société de plus en plus décadente.

C'est probablement ce qui explique son comportement marginal. Mais avec cette nouvelle affaire, ce policier est amené à s'expliquer devant Dieu. D'une certaine façon, le viol de la nonne est le crime de trop, celui qu'il ne fallait pas commettre. C'est aussi une mise à l'épreuve pour ce héros torturé et déchiré.

C'est aussi un personnage en quête de pardon et de rédemption. Bref, avec Bad Lieutenant, Abel Ferrara signe un film noir, jusqu'au-boutiste et sans concession. Le chef d'oeuvre d'Abel Ferrara ? Sans aucun doute.

Note: 17.5/20

Le Bal des Maudits
Genre : Guerre, Drame
Année : 1958
Durée : 2h06

L'histoire : La deuxième guerre mondiale fait rage, trois hommes vont voir leur destinée changée. Le Lieutenant Christian Diestl, officier allemand de la Wehrmacht. Michael Whiteacre, un chanteur américain engagé dans l'armée qui partira vers la Normandie. Et Noah Ackerman un jeune juif qui se retrouve engagé dans l'armée américaine en même temps que Michael. Bien vite les trois hommes vont réaliser que la guerre ne ressemble en rien à ce qu'ils avaient pu imaginer.

La critique :
La seconde guerre mondiale a su inspirer le cinéma, de nombreux films ont été réalisés sur le sujet, certains étant des chefs d'oeuvre absolus.
Dans le lot, il y en a un que l'on a tendance à oublier, Le Bal des Maudits, réalisé par Edward Dmytryck, et sorti en 1958.

Avec ce film, Dmytryck réalise surement son chef d'oeuvre absolu et un des meilleurs films du genre.

Attention SPOILERS ! Pour comprendre Le Bal des Maudits, il faut resituer un peu le film dans son contexte. Le genre « film de guerre » s'est vraiment développé pendant et après la seconde guerre mondiale, notamment grâce à des films comme Sergent York de Howard Hawks ou encore la Bataille de Midway, un court métrage de John Ford.

Entre les années 40 et 50, il a donné naissance à beaucoup de films et à certains chefs d'oeuvres. Cependant la plupart de ces films étaient américains et donnaient une vision spectaculaire de la guerre. Souvent, ils étaient teintés d'héroïsme et de patriotisme. D'ailleurs, dans les années 40, le genre a servi pour la propagande.

Dans les années 60, le genre est même utilisé pour les films à grands spectacles, l'exemple le plus frappant étant Le jour le plus long.

Cependant des réalisateurs ont donné une vision différente de la guerre. En 1945, Le commando de la mort de Lewis Milestone se montre plus réaliste.
Stanley Kubrick s'est ouvertement attaqué à l'armée avec Les sentiers de la gloire en

1957. Mais il y a eu également Edward Dmytryck qui a donné une vision de la deuxième guerre mondiale différente de beaucoup de grandes productions américaines de l'époque, qui avaient tendance à ne jamais présenter l'horreur de la guerre.

Car en effet, le Bal des Maudits est un film de guerre extrêmement sombre. A tel point que cela paraît plutôt étonnant pour un film américain de l'époque doté d'un casting de stars Hollywoodiennes.

Pourtant, c'est bien le cas, inutile de vous attendre à des batailles spectaculaires, bien au contraire. Ici Dmytryck nous montre l'horreur de la guerre à travers l'histoire de trois personnages interprétés par trois magnifiques acteurs.

Michael Whiteacre, un chanteur américain qui se retrouvera embarqué dans l'armée américaine et qui échouera en Normandie.

Le personnage est interprété par Dean Martin, qui lui apporte une personnalité sympathique, qui rend le personnage attachant.

Ensuite il y a Noah Ackerman, un jeune juif qui se retrouve engagé en même temps que Whitacre. Il rencontre une des amies de ce dernier dont il tombe amoureux.
Mais la guerre se rappelle à lui et il se retrouve sur le continent africain.
Il subira l'antisémitisme de ses supérieurs et de ses camarades soldats. Le personnage est in carné Par Montgomery Clift, rival intime de Marlon Brando, il est véritablement taillé pour ce rôle de jeune homme timide, introverti mais qui dévoilera son courage face à la haine qu'il subit.

Enfin le troisième personnage est sans doute le plus fascinant. Il s'agit du lieutenant Christian Diestl, un officier allemand qui a au début une vision assez manichéenne et de la guerre, pensant que l'on peut tuer pour la bonne cause.

Mais il découvrira bien vite que c'est moins l'honneur que l'horreur qui caractérise ce conflit. Son parcours sera sûrement le plus douloureux.
Il deviendra l'amant de l'épouse d'un de ses supérieurs. Ce dernier se retrouvera blessé et défiguré et implorera Diestl de lui donner la mort.
Mais Diestl découvrira aussi les horreurs du nazisme lors de son passage dans un camp de concentration, ce qui achèvera de briser ses illusions.
C'est le personnage le plus ambigu du film et il doit sa personnalité à l'interprétation géniale de Marlon Brando.

Comme d'habitude, l'acteur est totalement investi dans son rôle. Il parvient à donner un côté vraiment humain et touchant à son personnage d'officier nazi et parvient à le rendre attachant. D'ailleurs, à l'époque, son rôle sera controversé, beaucoup n'appréciant pas de voir un personnage de Nazi provoquer de la sympathie.

Vous l'aurez compris : le film peut s'appuyer sur un casting de premier choix. La réalisation de Dmytryck se révèle particulièrement sombre à l'image de son esthétique (le réalisateur sait tirer profit de son noir et blanc).

Le Bal des Maudits se montre donc beaucoup moins manichéen que de nombreux films du genre fait jusqu'à lors. Le film traitant de divers aspects de la guerre. Le front sur le continent africain et sur le continent européen.

Un engagement plus ou moins volontariste et un certain antisémitisme dans l'armée américaine.

Une idéologie nationaliste et nazie du côté allemand mais aussi une certaine naïveté. Les opérations commandos, les blessures de guerre (au propre comme au figuré) et l'horreur des camps de concentration.

Cependant, ne vous attendez pas non plus à un spectacle cru et violent, le film datant tout de même des années 50. Mais Dmytryck, par sa mise en scène, confère une véritable noirceur à son film.

Pour l'anecdote, certaines scènes du film seront tournées dans le camp de concentration de Struthof en Alsace.

Au final, le Bal des Maudits reste un pur joyau du cinéma. Il fait partie des films de l'époque à se débarrasser du vernis spectaculaire et patriotique de beaucoup de films de guerre hollywoodiens. Il donne également une vision plus objective de la guerre, mais surtout beaucoup plus sombre et beaucoup plus dure, en abordant énormément d'aspects de ce conflit. Il s'impose clairement comme un des grands films du genre. Un chef d'oeuvre à découvrir.

Note : 18/20

Balada Triste de Trompeta
Genre: drame, inclassable (interdit aux - 12 ans)
Année: 2010
Durée: 1h45

L'histoire: Pendant que la guerre civile espagnole fait rage, un cirque ambulant tente de survivre. Pendant cette période tragique, deux clowns vont s'affronter jusqu'à la mort pour l'amour d'une belle acrobate.

La critique :
L'Espagne est loin d'avoir fait le deuil de ses cicatrices du passé. La Guerre Civile

reste toujours dans les esprits, responsable entre autre de la régionalisation et de certaines rancoeurs entre les habitants du pays.

Voilà ce que semble nous dire Alex de la Iglesia, avec Balada Triste De Trompeta, réalisé en 2010, aboutissement de la colère du cinéaste, qui signe son oeuvre la plus personnelle.

Pour traduire cette colère, Alex de la Iglesia ouvre son film par une séquence de massacre qui va largement marquer son protagoniste principal, Javier, un clown triste. La suite ? Le cinéaste filme un pays à la dérive et multiplie les séquences surréalistes et fantaisistes, sur fond de décors limite apocalyptiques.

C'est donc un pays en proie au chaos qui est brossé par la caméra d'Alex de la Iglesia. Il n'est pas question ici de faire preuve de retenue. Pour cela, le réalisateur se base sur une histoire en apparence simpliste (seulement en apparence).

Javier est un artiste du cirque et un clown triste. Il tombe amoureux d'une belle jeune femme acrobate. Malheureusement, cette dernière est l'épouse d'un mari violent et psychopathe. Cet époux alcoolique est aussi un clown rigolo à ses heures perdues.
Mais cette joie de spectacle cache une personnalité paranoïaque et destructrice. Les deux hommes vont bientôt s'affronter dans un duel à mort.

L'homme violent a le visage décimé par Javier. Ce dernier se transforme alors en clown de la terreur et se balade le long des rues de Madrid, armé de mitrailleuses, massacrant tout le monde sur son passage.

Pour Alex de la Iglesia, cette histoire lui permet de brosser plusieurs années de la guerre d'Espagne, tout en établissant un parallèle entre le régime de Franco et la terreur qu'il suscite. Au niveau de la mise scène et de la réalisation, Balada Triste de

Trompeta n'est pas sans rappeler les grands films de monstres.

Comment ne pas évoquer Santa Sangre et Freaks la monstrueuse Parade ? Voilà de belles inspirations qui permettent à Alex de la Iglesia de dénoncer la monstruosité de l'homme, sa cruauté et sa barbarie.

Pour cela, le cinéaste établit une dichotomie entre le cirque (le monde du spectacle et du rire) et une société espagnole en guerre contre elle-même et ses propres citoyens. Balade Triste de Trompeta, ce sont les larmes du réalisateur (en ce sens, le film ressemble parfois à Santa Sangre), un homme touché par de nombreuses cicatrices et par un pays à la dérive, qui a profondément marqué son enfance.

Note: 17/20

La Balade Sauvage

Genre : Drame (interdit aux moins de 12 ans)
Année: 1974
Durée : 1H30

L'histoire : Kit un jeune homme de 25 ans, tombe amoureux de Holly, une jeune fille. Le père de cette dernière voit d'un mauvais oeil cette relation. Kit finit par l'assassiner, puis avec Holly, ils se lancent dans une équipée sauvage en laissant de nombreux cadavres derrière eux.

La critique :
Quel film culte que La Balade Sauvage ! En fait il ne s'agit ni plus ni moins que du premier film de Terrence Malick, le réalisateur avait alors 30 ans. Le moins que l'on puisse dire c'est que Malick ne perd pas son temps, premier film, premier chef d'oeuvre majeur. En réalité le film s'inspire de l'histoire vraie du couple formé par

Charles Starkweather, un délinquant qui se prenait pour James Dean, et Caril Ann Fugate. Tous deux s'embarquèrent dans une équipée qui coûta la vie à pas moins de onze personnes.

Attention SPOILERS ! En 1959 dans une toute petite ville du Dakota du Sud, Holly une jeune fille naïve d'une quinzaine d'années vit un quotidien répétitif. Un jour, elle rencontre Kit un jeune homme de 25 ans, marginal qui travaille comme éboueur. Les deux jeunes personnes s'éprennent bien vite l'une de l'autre. Le père de Holly, un homme dur voit d'un mauvais oeil cette relation.

Un jour Kit perd son travail et va voir Holly. Il tue le père de cette dernière et part en cavale amenant la jeune fille avec lui. Les deux marginaux se lancent dans une équipée sauvage sur les routes. Cependant bien vite, Kit montre un comportement meurtrier et se met à tuer quiconque se met en travers de son chemin. Tout ceci ne paraît être qu'un jeu pour les deux amants, pourtant toutes les polices de la région se lancent à leur poursuite.

Le scénario a été écrit par Malick lui-même en se basant donc sur celle de Charles Starkweather. Le script est donc centré sur cette balade sauvage entre deux amants. Cela dit comme souvent chez Malick, ce n'est pas tellement l'histoire qui compte mais surtout la façon dont elle est racontée.

La réalisation est fabuleuse et impose d'entrée de jeu le style du réalisateur, à savoir le contemplatif. Tout est déjà dans ce premier film et un soin important est apporté au paysage et à chaque image.

Ensuite, le film peut s'appuyer sur les deux superbes prestations de Martin Sheen et Sissy Spacek. Il faut alors savoir qu'à l'époque, les deux comédiens connaissaient là leur premier grand rôle au cinéma. Sheen est superbe dans le rôle de Kit ce délinquant sociopathe qui se prend pour James Dean, notamment quand il prend la même pose que ce dernier dans Géant. Quant à Sissy Spacek, elle colle parfaitement à cette jeune fille naïve au visage d'ange qui se retrouve prise dans cette équipée sanglante. Sa narration en voix-off apporte énormément au film. On retrouve là encore un détail récurrent chez Malick, une narration détachée par rapport aux évènements décrits.

On peut également parler de la bande sonore du film très travaillée. Que ce soit les sons de la nature ou la musique composée par George Aliceson Tipton ou encore la composition « Gassenhauer » de Carl Orff.

Au-delà de la forme du film très réussie, La Balade Sauvage se révèle être plus complexe par son fond. Malick aborde ici la monotonie d'un quotidien qui finit par peser sur les personnages et les poussent vers une balade sauvage et meurtrière qui leur donnent l'impression d'exister et d'être libre. Cet aspect de liberté est souligné par la mise en scène de Malick. Les deux personnages principaux sont très travaillés psychologiquement, et ils mériteraient sans doute une analyse approfondie sur leur comportement.

Malick propose en quelque sorte une révision de Bonnie And Clyde, version psychanalytique et meurtrière.

La Balade Sauvage s'impose donc comme le premier film de Terrence Malick et également l'un des plus grands chefs d'oeuvre de la carrière du réalisateur. Autant dire que La Balade Sauvage fait date et aura une influence considérable. On trouve dans ce film un témoignage de l'esprit des années 70.
Bref un chef d'oeuvre et un film magnifique à voir absolument.

Note : 17/20

Barry Lyndon
Genre: aventure, historique
Année: 1975
Durée: 3h05

L'histoire: Au XVIIIe siècle en Irlande, à la mort de son père, le jeune Redmond Barry ambitionne de monter dans l'échelle sociale. Il élimine en duel son rival, un officier britannique amoureux de sa cousine mais est ensuite contraint à l'exil. Il s'engage dans l'armée britannique et part combattre sur le continent européen. Il déserte bientôt et rejoint l'armée prussienne des soldats de Frederic II afin d'échapper à la peine de mort. Envoyé en mission, il doit espionner un noble joueur, mène un double-jeu et se retrouve sous la protection de ce dernier. Introduit dans la haute société européenne, il parvient à devenir l'amant d'une riche et magnifique jeune femme, Lady Lyndon. Prenant connaissance de l'adultère, son vieil époux sombre dans la dépression et meurt de dépit. Redmond Barry épouse Lady Lyndon et devient Barry Lyndon.

La critique :

A l'origine, Barry Lyndon, réalisé par Stanley Kubrick en 1975, est l'adaptation d'un roman picaresque, Les Mémoires de Barry Lyndon, de William Makepiece Thackeray. On ne présente plus Stanley Kubrick, hélas décédé en 1999. On lui doit de nombreux classiques du cinéma, entre autres 2001, l'Odyssée de l'Espace, Docteur Folamour, Shining, Orange Mécanique ou encore Spartacus.

Vient également s'ajouter Barry Lyndon. Personnellement, je le considère comme l'un des meilleurs films de Stanley Kubrick. En tout cas, il mérite de figurer dans son top 3 avec Orange Mécanique et 2001, l'Odyssée de l'Espace.

Au niveau de la distribution, Barry Lyndon réunit Ryan O'Neal, Marisa Berenson, Leon Vitali, Patrick Magee, Hardy Kruger, Mary Kean et Murray Melvin. A juste titre, le long-métrage remportera plusieurs récompenses et notamment quatre oscars: celui de la meilleure photographie, la meilleure direction artistique, la meilleure création de costume et celui de la meilleure musique de film.

L'origine du film remonte à 1969. A l'époque, Stanley Kubrick a pour projet de réaliser Napoléon. Malheureusement, à ce moment-là, l'idée est impossible à mettre en oeuvre techniquement. En 1973, Stanley Kubrick décide finalement de commencer le tournage de Barry Lyndon.

Le film est d'une durée de trois heures environ. Pourtant, le film ne paraît jamais long. Barry Lyndon se divise également en deux parties très distinctes. La première s'intitule « Comment Redmond Barry a acquis la manière et le titre de Barry Lyndon », et la seconde « Relation des malheurs et désastres qui menèrent Barry Lyndon à sa chute ».

Les deux sections sont très différentes. La première est beaucoup plus portée vers l'action et l'aventure alors que la seconde se concentre davantage sur l'aspect psychologique de son personnage principal. Qu'à cela ne tienne, les deux parties sont toutes aussi passionnantes.

Attention, SPOILERS ! Au XVIIIe siècle en Irlande, à la mort de son père, le jeune Redmond Barry ambitionne de monter dans l'échelle sociale. Il élimine en duel son rival, un officier britannique amoureux de sa cousine mais est ensuite contraint à l'exil.

Il s'engage dans l'armée britannique et part combattre sur le continent européen. Il déserte bientôt et rejoint l'armée prussienne des soldats de Frederic II afin d'échapper à la peine de mort. Envoyé en mission, il doit espionner un noble joueur, mène un double-jeu et se retrouve sous la protection de ce dernier.

Introduit dans la haute société européenne, il parvient à devenir l'amant d'une riche et magnifique jeune femme, Lady Lyndon. Prenant connaissance de l'adultère, son vieil époux sombre dans la dépression et meurt de dépit. Redmond Barry épouse Lady Lyndon et devient Barry Lyndon.

Pour l'anecdote, Barry Lyndon a demandé un an de préparation et 250 jours de tournage, en Irlande, en Grande-Bretagne et en RDA, avec un budget de départ fixé à 2.5 millions de dollars qui atteindra finalement 11 millions de dollars. Premier constat, le film est le fruit d'un énorme travail. Clairement, le film n'a pas volé toutes ses récompenses.

En effet, Barry Lyndon peut s'appuyer sur une photographie de toute beauté, une excellente interprétation (Ryan O'Neal en tête qui ressort par ailleurs de l'immense succès du très surestimé Love Story) et de superbes costumes. Mais pas seulement.
En effet, il serait dommage de résumer uniquement Barry Lyndon à un film maîtrisé techniquement. Tout d'abord, Barry Lyndon nous propose un voyage à l'intérieur de son personnage principal. C'est probablement ce dernier aspect qui a encouragé Stanley Kubrick à réalisation cette adaptation cinématographique.

Certes, Stanley Kubrick signe une oeuvre picturale d'une beauté époustouflante dans laquelle la lumière joue un rôle prépondérant. Mais avant tout, Barry Lyndon reste un film profondément mélancolique, raconté par une voix-off qui fait office de réflexion sur la tragédie à venir, à savoir celle de son héros principal. Le long-métrage oscille entre le récit d'aventure, le film historique et le drame.

Le spectateur est littéralement plongé dans le destin d'un personnage atypique. Barry

Lyndon est finalement un film sur la vie, en l'occurrence une vie marquée par un destin funeste. En résulte un superbe film et un authentique monument de cinéma. Un de plus pour Stanley Kubrick !

Note: 20/20

Batman : Le Défi

L'histoire: Noël va arriver et le Pingouin, orphelin laissé par ses parents dans les égouts, sort de sa tanière. Lui et ses sbires comptent bien prendre le pouvoir de Gotham via Max Schreck, un grand industriel.

La critique :

A la base, Tim Burton n'avait pas pour ambition de tourner une suite à Batman. Mais en contrat avec la Warner Bros, le réalisateur s'attelle finalement à la tâche.

Toutefois, les choses se compliquent sérieusement quand les producteurs imposent la présence de Robin dans Batman Le Défi.

Tim Burton accepte de continuer le film à condition d'avoir les mains libres. Finalement, Robin n'apparaîtra que dans le troisième épisode de la saga, Batman Forever.

Pour le reste, Batman Le Défi, réalisé en 1992, constitue la dernière apparition de Michael Keaton sous le costume de l'homme chauve-souris.

En dehors de l'acteur, le film réunit également Danny De Vito, Michelle Pfeiffer, Christopher Walken, Michael Gough et Pat Hingle.

Dans cette suite, Tim Burton se concentre davantage sur les bad guys de service: le Pingouin, connu également sous le nom d'Oswald Cobblepot (Danny De Vito), et Selina Kyle, appelée à devenir Catwoman (Michelle Pfeiffer).

L'introduction de Batman le défi nous présente alors rapidement l'enfance du

Pingouin. Plus que jamais, ce personnage hors norme est un « freaks », un être monstrueux et rejeté par ses parents à la naissance.

Il vivra dans les égouts et fera partie des exclus et des oubliés de la ville de Gotham. Pour accentuer la tragédie vécue par ce bad guy, Tim Burton confère à cette suite une atmosphère définitivement noire, glauque et baroque.

Oui, le Pingouin est un monstre, un être indésirable et un criminel. Mais on ressent également de la pitié et de la compassion pour ce petit homme délaissé de tous. Qu'à cela ne tienne, Oswald Cobblepot a bien l'intention de prendre sa revanche sur Gotham. Pour cela, il fait appel à Max Schreck (Christopher Walken), un politicien véreux, qui n'hésite pas à tuer sa secrétaire, Selina Kyle, devenue trop curieuse.
Certes, cette dernière est projetée de plusieurs étages du haut d'un immeuble, mais elle est ramenée à la vie par quelques félins.

D'une jeune femme maladroite et naïve, elle devient une justicière redoutable, séductrice et perverse. Pour Batman, Catwoman et le Pingouin constituent deux nouveaux problèmes pour Gotham, d'autant plus que Cobblepot fait campagne pour devenir le maire de la ville. Vous l'avez donc compris: dans ce second chapitre, Batman va avoir fort à faire, d'autant plus que son image est sérieusement discréditée par les médias.

Si le super héros est toujours aussi présent, son personnage à la ville, Bruce Wayne est largement laissé de côté par Tim Burton.

Plus que jamais, le célèbre milliardaire apparaît comme un personnage lisse et quelconque, incapable de révéler ses véritables sentiments pour Selina Kyle. Encore une fois, Tim Burton se focalise davantage sur ses deux nouveaux bad guys.
D'ailleurs, pour Catwoman, Tim Burton confère à cette féline des temps modernes

une dimension sexuelle et fantasmatique.

Cette dernière séduit tous les hommes et se trémousse dans sa tenue particulièrement moulante. Ensuite, Michelle Pfeiffer apporte une bonne dose d'érotisme à cette héroïne manipulant le fouet à tort et à travers.
Mais derrière cette facette animale, se cache une femme torturée et rejetée par son ancien patron. C'est aussi ce dernier point qui motivera sa quête de vengeance.

Bref, Batman le défi est un film qui se situe dans l'univers « burtonien », avec des personnages complexes, une atmosphère violente, sombre et un univers chaotique. Par exemple, le portrait de Gotham est loin d'être élogieux.
Tim Burton nous décrit des habitants aveuglés par Cobblepot alors qu'ils l'ont rejeté bien des années auparavant.

Avec Batman le défi, Tim Burton explore davantage l'univers du super héros chauve-souris. Pour moi, c'est tout simplement le meilleur épisode de la saga, les films de Christopher Nolan y compris.

Note: 18.5/20

Baxter

Genre: fantastique, inclassable (interdit aux - 12 ans)
Année: 1989
Durée: 1h30

L'histoire: Baxter est un chien qui pense et désire se débarrasser de la compagnie encombrante des hommes.

La critique :

A l'origine, Baxter, réalisé par Jérôme Boivin en 1989, est l'adaptation d'un roman de Ken Greenhall. Le scénario du film est écrit par Jérôme Boivin lui-même en collaboration avec Jacques Audiard. Au niveau de la distribution, Baxter ne réunit pas forcément des acteurs très connus: Lise Delamare, Jean Mercure, Jacques Spiesser, Catherine Ferran et Jean-Paul Roussillon.

Quant à Maxime Leroux, il vient prêter sa voix au fameux Baxter, donc le Bull Terrier de service, et véritable star du film. Pour la petite anecdote, plusieurs Bull Terriers seront utilisés pour jouer le cabot psychopathe.

Aussi est-il nécessaire de rappeler les grandes lignes du scénario. Attention, SPOILERS ! Baxter est un splendide Bull Terrier blanc. Ce chien a la particularité de penser et, à travers ses trois maîtres, il va se faire une opinion de l'espèce humaine. Compagnon d'une vieille dame seule, il s'ennuie et la tue. Adopté par un jeune couple, il est délaissé à la naissance de leur bébé.

Enfin, recueilli par le jeune Charles, il découvrira en lui un maître violent, "nazillard" et morbide. Comme je l'ai déjà souligné, le scénario de Baxter est l'adaptation d'un roman de Greenhall, roman réputé inadaptable au cinéma.

Au moment de sa sortie, Baxter provoquera une petite polémique. Sous ses airs de film canin, Baxter n'a strictement rien à voir avec une production Walt Disney, tout du moins destinée aux très jeunes gosses. D'ailleurs, le film écopera logiquement d'une interdiction aux moins de 12 ans.

Sur le fond, Baxter est un film anarchiste, révolutionnaire et d'une violence inouïe. Baxter pense et le film est régulièrement commenté par la voix-off du cabot, qui apprend beaucoup sur notre société et notre monde moderne au contact de ses maîtres, et plus précisément au contact des êtres humains. A partir de là, le long-métrage se divise en trois segments bien distincts.

Dans la première section, Baxter est recueilli par une vieille dame. L'animal détecte le sentiment de peur. Certes, il n'est pas maltraité mais développe de la haine et de la rancoeur vis-à-vis de sa maîtresse. A partir de là, Jérôme Boivin oppose plusieurs points de vue.

A certains moments, Baxter réfléchit parfois comme un simple cabot avec son lot d'instincts primitifs et sauvages (on ne le voit pas mais on devine qu'il tue sa maîtresse). A d'autres moments, Baxter apparaît finalement comme un être humain en proie à divers sentiments contradictoires et eux aussi régis par le cerveau primitif: la joie, la colère, le bonheur ou encore la solitude.

Jérôme Boivin a parfaitement choisi son cabot de service, à savoir encore une fois un Bull Terrier, au physique à la fois inquiétant, incertain et presque phallique, évoluant dans un monde (celui des humains) qu'il ne comprend pas. Dans la seconde partie, Baxter est cette-fois recueilli par une jeune femme et son mari. Dans un premier temps, Baxter est choyé par sa maîtresse.

Hélas, le chien est rapidement délaissé et quasiment abandonné dès l'arrivée d'un jeune bébé au sein de la petite famille. Baxter développe des envies de meurtres et le moutard braillard est vu alors comme une sorte de rival dangereux qu'il faut à tout prix éliminer.

D'ailleurs, Baxter tentera réellement de l'assassiner, déguisant cette tentative de meurtre en accident, mais le couple ne sera pas dupe. Baxter est alors confié à un adolescent. Finalement, ces deux-là se ressemblent beaucoup. L'adolescent ne ressent pas la peur et voue une véritable fascination pour le nazisme, et plus précisément pour Adolf Hitler et sa femme, Eva Braun.

Certes, le jeune garçon n'est guère sympathique. Il s'agit même d'un futur petit psychopathe en puissance, développant lui aussi des envies de meurtres. C'est pourtant auprès de ce maître très particulier que Baxter va réussir à se développer et à calmer ses instincts agressifs. Ce qui passe par l'obéissance, l'avilissement et la soumission.

L'air de rien, Baxter s'apparente à une étude sociologique sur les rapports humains, le pouvoir et finalement la dictature. Oui, Baxter est un film beaucoup plus complexe qu'il n'y paraît. Il s'agit aussi d'un long-métrage totalement inclassable, même si on se rapproche souvent du genre fantastique. Baxter est donc un film passionnant, une petite bombe et un petit chef d'oeuvre dans son genre.

D'ailleurs, le film se conclut sur la phrase suivante: "N'obéissez jamais !". Bref, ce véritable OFNI (objet filmique non identifié) mériterait sans doute un meilleur niveau d'analyse ;

Note: 17/20

Beetlejuice
Genre: comédie fantastique
Année: 1988
Durée: 1h30

L'histoire: Pour avoir voulu sauver un chien, Adam et Barbara Maitland passent dans l'autre monde. Peu après, occupants invisibles de leur antique demeure, ils la voient envahie par une riche et bruyante famille new-yorkaise. Rien à redire jusqu'au jour où cette honorable famille entreprend de donner un cachet plus urbain à la vieille demeure. Adam et Barbara, scandalisés, décident de déloger les intrus. Mais leurs classiques fantômes et autres sortilèges ne font aucun effet. C'est alors qu'ils font appel à un "bio-exorciste" freelance connu sous le sobriquet de Beetlejuice.

La critique :
A l'origine, Beetlejuice, réalisé par Tim Burton en 1988, devait être un film d'horreur. Tout du moins, c'est ainsi qu'a été écrite la première ébauche du scénario. Finalement, le cinéaste décide de signer une comédie fantastique à la fois loufoque et morbide.

Au niveau de la distribution, le film réunit Alec Baldwin, Geena Davis, Michael Keaton, Winona Ryder, Jeffrey Jones, Catherine O'Hara, Glenn Shadyx, Sylvia Sidney et Robert Goulet.

Dans un premier temps, pour le rôle de Beetlejuice, Tim Burton pense à engager l'acteur Sammy Davis Jr. Mais le réalisateur se rétracte au dernier moment et choisit Michael Keaton. Winona Ryder est également remarquée par Tim Burton dans son tout premier film, Lucas.

Quant à Geena Davis et Catherine O'Hara, elles acceptent de tourner sans discuter le scénario du film. En revanche, les autres acteurs sont plus difficiles à convaincre et se méfient du script, pour le moins original.

D'ailleurs, l'écriture du film est modifiée plusieurs fois. Tim Burton planche sur le scénario depuis 1985, juste après le succès de Pee-Wee Big Adventure. Au final, Beetlejuice rencontrera le succès mérité et sera accueilli positivement par les critiques.

Mieux encore, cette comédie horrifique reçoit plusieurs récompenses et obtient l'Oscar du meilleur maquillage, ainsi que trois Saturn Awards, dont celui du meilleur film d'épouvante. Attention, SPOILERS ! Un couple de jeunes mariés heureux, Adam et Barbara Maitland, vivent dans une grande villa dans le Connecticut. Alors qu'ils sont en voiture, Barbara sort de la route en voulant éviter un chien et le véhicule plonge dans une rivière. Adam et Barbara rentrent chez eux mais s'aperçoivent vite qu'ils sont morts dans l'accident. Devenus des fantômes, ils ne peuvent quitter leur maison car ils se retrouvent alors dans une dimension effrayante peuplée de gigantesques vers de sables.

Quelques temps plus tard, leur maison est vendue peu après à un couple de riches snobs new-yorkais, Charles et Delia Deetz, qui emménagent avec Lydia, une adolescente gothique.

Les Deetz et leur décorateur Otho commencent à aménager la maison dans un style art moderne qui horrifie les Maitland. Les deux fantômes essaient donc d'effrayer les Deetz mais leurs différentes tentatives échouent. Seule Lydia peut les voir et elle se lie d'amitié avec eux.

Les Maitland décident alors d'invoquer Beetlejuice, un « bio-exorciste » excentrique et peu digne de confiance, pour qu'il fasse fuir les Deetz. Beetlejuice est le deuxième film de Tim Burton. C'est un long-métrage important dans la filmographie du cinéaste puisqu'il pose les bases de l'univers fantasque de ce dernier.

D'ailleurs, Tim Burton réalise le film comme une sorte de parodie de L'Exorciste. Beetlejuice contient de nombreuses séquences extrêmement réussies. C'est par exemple le cas lorsque le couple décédé demande conseil à Juno, et rejoint une salle d'attente particulièrement morbide, composée de personnages pour le moins étranges. Néanmoins, la vraie star du film, c'est évidemment Michael Keaton, totalement méconnaissable, et qui compose un personnage grossier, pétomane, sale, obsédé sexuel et complètement déjanté !

Impossible de ne pas rire devant les nombreux gags absurdes de cette comédie fantastique, interprétée par de très bons acteurs, qui semblent eux aussi beaucoup s'amuser. Mais Beetlejuice ne se résume pas seulement à une succession de scènes délirantes.

Le film se démarque également par des décors extrêmement soignés, qui hésitent entre l'univers gothique et onirique. Enfin, le long-métrage parvient aussi à rendre ses principaux protagonistes attachants, tout en jouant la caricature (le couple bourgeois coincé, la jeune adolescente torturée...). Bref, Beetlejuice peut se targuer d'appartenir aux grands classiques du réalisateur.

Note: 17/20

Begotten

Genre: horreur, gore, trash, inclassable (interdit aux - 18 ans)
Année: 1991
Durée: 1h20

L'histoire: Un homme masqué en tunique blanche se mutile avec un rasoir au fond d'une cabane. Une femme apparaît, danse et se caresse. Puis, un homme couvert de boue et en proie à une crise de tétanie est transporté par des individus capuchonnés.

La critique :
Attention, film de dingue ! J'ai nommé Begotten, réalisé par E. Elias Merhige en 1991. Pour ceux qui aiment les films étranges, noirs, trashs et expérimentaux, ils risquent d'être servis avec cette oeuvre atypique et OFNI.

Difficile de raconter l'histoire puisque le film est muet et en noir et blanc. Ensuite, la mise en scène de Merhige est assez particulière.

Au niveau de ses influences, Merhige vient donc renifler du côté de David Lynch. On pense parfois à Eraserhead, à la seule différence que Begotten n'explore jamais la psychologie et encore moins les hallucinations de ses divers protagonistes.

Au niveau de la mise en scène, Begotten est une oeuvre totalement torturée, nihiliste et sans concession. En vérité, il est presque impossible de parler d'un tel film puisqu'il est difficile d'accès.

Ensuite, chacun pourra avoir sa propre interprétation des faits et des séquences qui lui sont présentées. Toujours est-il que le long-métrage impressionne et poursuit longtemps le spectateur après son visionnage.

Dans Begotten, il n'y a aucune musique si ce n'est un bruit de fond régulier censé nous retranscrire l'univers sauvage d'une nature hostile.
Dans Begotten, les acteurs ne sont pas identifiables. Leurs visages sont donc voilés par des cagoules mortuaires.

Ce qui n'est pas sans rappeler le cas de Leatherface dans Massacre à la Tronçonneuse. Toutefois, la comparaison avec le film de Tobe Hooper s'arrête bien là.

Le long-métrage commence par nous présenter un personnage en train de s'étriper.
A partir de là, le film multiplie les séquences étranges, morbides, de viol, de cannibalisme et de tortures.

Begotten est donc à réserver à un public averti et est justement interdit aux moins de 18 ans. Pourtant, l'air de rien, Begotten raconte bien quelque chose et semble nous plonger dans les premières heures de l'humanité.

Plus que jamais, Begotten ressemble à un film mystique.

Dans Begotten, il est donc question de Naissance de l'Humanité et de la Vie. Tout du moins, l'apparition de l'homme sur Terre n'a rien d'idyllique et s'effectue dans un bain de sang. Après la mort du premier personnage, une jeune femme apparaît, danse et se caresse. Après avoir éveillé ses sens, cette dernière voyage dans un paysage sordide, sombre, désertique, stérile et torturé.

Enceinte, elle donne alors naissance à son fils. Celui-ci rencontre un groupe de nomades et subit tout un tas de sévices corporels.
Ce fils de la Terre est finalement brûlé mais ce dernier ressuscite et retrouve sa mère. Voilà pour les hostilités du scénario, qui semble faire de nombreuses références aux mythes religieux et païens.
Indéniablement, Begotten cherche à choquer son audimat: jet de sang et séquences de démembrement et de vomis font partie du menu fretin.
Nul doute que ce film atypique et expérimental ne plaira pas à tout le monde. En même temps, impossible de rester indifférent devant un tel long-métrage.

Note: ?

La Belle et la Bête (1946)
Genre: fantastique
Année: 1946
Durée: 1h35

L'histoire: Pour l'offrir à sa fille, le père de la Belle cueille, sans le savoir, une rose appartenant au jardin de la Bête, qui s'en offense. Afin de sauver son père, la Belle accepte de partir vivre au château de la Bête.

La critique :
A l'origine, La Belle et la Bête, réalisé par Jean Cocteau en 1946, est l'adaptation d'un

conte de fées écrit par Madame Le Prince de Beaumont. A la fin de la Seconde Guerre Mondiale, Jean Marais propose un film à Jean Cocteau qui s'inspirerait de ce même conte.

L'écriture du script se met en place, en sachant que Cocteau s'inspire également d'une pièce de théâtre d'Alexandre Arnoux. En dehors de Jean Marais, le long-métrage réunit Josette Day, Michel Auclair, Mila Parély, Nane Germon et Marcel André.

A la base, pour interpréter la Bête, Jean Marais voulait revêtir la tête d'un cerf mais l'idée sera finalement rejetée. Pour l'anecdote, c'est le chien de l'acteur qui servira de modèle pour la confection du visage du monstre. Il fallait environ trois heures pour fixer le masque de la Bête, et une heure pour disposer chaque griffe. Les dents du monstre étaient accrochées à celles de l'acteur par de petits crochets, ce qui n'était pas très pratique pour manger.

Au moment de sa sortie, le film remportera un immense succès et sera très bien accueilli par le public. Mieux encore, La Belle et la Bête peut se targuer d'appartenir aujourd'hui aux grands classiques du cinéma français. Attention, SPOILERS ! A la campagne vit un marchand au bord de la faillite avec ses quatre enfants : un fils, Ludovic, et trois filles, Félicie, Adélaïde et Belle.

Deux de ces filles sont égoïstes et ont un mauvais caractère. Elles traitent leur soeur, Belle, comme une domestique. Un jour, le père part en voyage d'affaires. Avant de s'en aller, il promet à ses filles de leur rapporter des cadeaux.

Pour Félicie et Adélaïde un perroquet et un singe, ainsi que des bijoux, et pour Belle une jolie rose. En route, il s'égare dans une forêt où il trouve un château étrange. Après y avoir passé la nuit, il y remarque une rose qu'il décide de prendre pour Belle. C'est au moment où il la cueille qu'apparaît le propriétaire du château, un monstre doté de pouvoirs magiques. La Bête condamne le marchand à mort, à moins que ce dernier ne lui donne une de ses filles. Belle accepte de se sacrifier et s'en va vers le château.

Au niveau du scénario, le film n'est pas sans évoquer non plus le conte de Cendrillon. Ici, la Bête doit vaincre une terrible malédiction.

Cocteau insiste notamment sur la puissance des regards. Indéniablement, La Belle et la Bête reste un film atypique dans le cinéma français.
Les décors du film sont vraiment sublimes. Le spectateur est plongé dans un conte à la fois étrange, sombre, gothique et onirique. Nul doute que ce long-métrage a inspiré plusieurs générations de cinéastes, entre autres, David Lynch ou encore Tim Burton.

L'air de rien, le film a une forte connotation sexuelle. La Bête est une métaphore de l'instinct sexuel dans toute sa virilité. L'homme est donc un animal impulsif qui doit apprivoiser son instinct primal face à la beauté et à la féminité, ici incarnées par Josette Day.

Impossible de ne pas y voir non plus une variation de Docteur Jekyll et Mister Hyde, Avenant et la Bête représentent eux aussi les deux faces d'une même nature. La seule différence, c'est qu'Avenant a apprivoisé ses démons intérieurs.

En ce sens, la Bête représente bel et bien la laideur. Pourtant, le monstre sera appelé à évoluer et à devenir un animal social. Comment ne pas y voir ici une métaphore de l'homme moderne ?

Note: 19/20

Ben-Hur

Genre: péplum
Année: 1959
Durée: 3h35

L'histoire: Judas Ben-Hur, prince de Judée, retrouve son ami d'enfance Messala, venu prendre la tête de la garnison de Jérusalem. Alors qu'une pierre tombe du balcon de la maison de Ben-Hur, manquant de tuer le gouverneur, Messala trahit son ami en l'envoyant aux galères et en jetant en prison sa mère et sa soeur...

La critique :

Voici donc le film le plus « oscarisé » de tous les temps, j'ai nommé Ben-Hur, réalisé par William Wyler en 1959, à égalité avec Titanic et Le Seigneur des Anneaux: Le Retour du Roi (11 oscars chacun).

Pour l'anecdote, le rôle de Judas Ben-Hur sera proposé à plusieurs acteurs: Rock Hudson, Paul Newman et Burt Lancaster, mais ces derniers déclineront l'invitation.
Ben-Hur est évidemment une énorme production avec un tournage particulièrement difficile. Par exemple, la course de chars nécessitera quatre mois de préparation. Même chose pour les séquences de combat dans les galères.

Le modèle de galère utilisé posera beaucoup de problèmes. Trop lourd, le bateau ne pouvait pas flotter sur la mer.

Les rames devront également être raccourcies pour les besoins du film, sans compter que certaines caméras seront détruites pendant certaines prises.
Pour le reste, Ben-Hur reste évidemment un classique du genre péplum, et plus

largement, une référence du noble septième art.

Il s'agit d'une fresque historique qui se concentre sur l'histoire d'un homme, donc, Judas Ben-Hur (Charlton Heston).
Ce personnage va vivre des aventures pour le moins mouvementées. A partir de ces différents éléments, William Wyler effectue un parallèle entre la vie de Ben-Hur et celle de Jésus-Christ.

Plus que jamais, le cinéaste confère à Ben-Hur une dimension de martyr christique: envoyé dans les galères par son meilleur ami, Messala, Ben-Hur devra subir toute une série d'épreuves. Sa mère et sa soeur sont jetées en prison et condamnées à vivre comme des parias, contractant la lèpre.

Pour Ben-Hur, c'est un voyage initiatique qui commence.
Son long périple le conduira à prendre sa revanche sur Messala et à l'affronter dans une course de chars. Un vrai moment d'anthologie !

William Wyler signe une séquence de folie, sa caméra se focalisant sur les roues des machines en présence et sur la sueur des guerriers prêts à en découdre jusqu'à la mort. Pourtant, le parcours de Ben-Hur reste à l'opposé de celui effectué par Jésus.
Au cours de son périple, Ben-Hur se chargera de haine, de vengeance et de ressentiment à l'égard de Messala.

Le film est sans cesse marqué par leur opposition et se terminera dans un bain de sang. Cette haine farouche est le fil conducteur du scénario.
Ben-Hur est donc une grosse production hollywoodienne, spectaculaire et homérique. Certes, ce péplum s'étale sur une durée de trois heures et 35 minutes de bobine. Toutefois, cette fresque est suffisamment nerveuse et rythmée pour que l'on ne s'ennuie jamais. Ben-Hur reste donc un film populaire, un classique du genre, à voir

et à revoir. Clairement, on ne s'en lasse pas.

Note: 20/20

Bienvenue à Gattaca

L'histoire: Dans un futur proche, l'homme est rangé dans deux catégories: les enfants naturels et donc, indésirables, et les autres produits génétiquement, ayant un haut rang social. Avec l'aide de Jérôme, homme idéal handicapé depuis un accident, Vincent, homme naturel, va transgresser les lois, en prenant les caractères génétiques du premier. Sauf que le meurtre du directeur d'une mission sur Titan, dont Vincent doit faire partie, va changer les choses...

La critique :

Avec Bienvenue à Gattaca, le réalisateur, Andrew Niccol aborde un thème récurrent de la science-fiction: l'homme révolté qui n'obéit pas aux codes établis par la société moderne. C'est une thématique que l'on retrouve dans de nombreux classiques de la littérature de SF: 1984 de George Orwell, Fahrenheit 451 de Ray Bradbury, la

Nuit des Temps de René Barjavel ou encore Le Meilleur des Mondes d'Aldous Huxley.

D'ailleurs, certaines oeuvres citées ont été adaptées au cinéma. Au niveau de ses influences et de ses inspirations, Bienvenue à Gattaca ressemble à une adaptation très libre du Meilleur des Mondes.

Il est donc question ici d'eugénisme et de science moderne, la perfection de l'individu étant le nouveau mot d'ordre d'une société idéale et dictatoriale.
Cette perfection répond évidemment à plusieurs critères établis: une santé parfaite, un coeur d'athlète et une intelligence hors du commun.

Seuls les individus qui possèdent ces caractéristiques peuvent accéder aux plus grandes instances de l'Etat. Les autres, donc, les individus avec un code génétique imparfait, sont condamnés à sombrer dans l'oubli et à effectuer des tâches ingrates. Toutefois, dans ce monde génétiquement déterminé, certaines personnes tentent de transgresser les codes établis.

La science permet également de tricher et de passer pour un usurpateur et un pirate de la génétique. C'est par exemple le cas de Vincent (Ethan Hawke), un enfant naturel, donc imparfait, qui va prendre les traits génétiques de Jérôme (Jude Law), qui répond aux exigences requises, mais qui est également handicapé.

Jérôme a un seul rêve: voyager dans l'espace. Evidemment, son imperfection génétique l'empêche de concrétiser ses rêves d'Icare.
A partir de ces différents éléments, Andrew Niccol réalise un film d'anticipation ambitieux et terriblement effrayant.

Au niveau des décors, le cinéaste insiste sur une société obsédée par la perfection.
Quel que soit les endroits, tout est là pour rappeler que la génétique est la voie de la raison et l'absolue nécessité pour gravir les marches de la gloire et de la reconnaissance. Au niveau de la mise en scène, Bienvenue à Gattaca ressemble à un thriller oppressant. Jérôme va-t-il parvenir au bout de sa quête ?

Ses espoirs seront mis à rude épreuve et le jeune homme devra sans cesse défier un système prêt à tout pour débusquer les pirates génétiques.

Ensuite, le film évite tout jugement de moral. Ici, c'est le spectateur qui est invité à réfléchir sur le sens de l'eugénisme et de ses dérives en matière de science, d'idéologie douteuse, de pouvoir, de réussite sociale et d'éthique.
Dans cet univers froid et aseptisé, Andrew Niccol parvient à rendre ses personnages

attachants, le déterminisme laissant place à un petit espoir en l'humanité. Un vrai tour de force !

Note: 17/20

Birdy
Genre: drame
Année: 1984
Durée: 2 heures

L'histoire: Birdy et Al, deux amis inséparables, sont revenus du Vietnam cruellement marqués. Al est prêt à tout pour sauver Birdy qui poursuit un rêve fou... voler comme un oiseau !

La critique :
Réalisateur phare des années 80, Alan Parker peut s'appuyer sur une filmographie quasi exemplaire. Au hasard, nous citerons Midnight Express, The Wall, Mississippi Burning ou encore Angel Heart. Avec Birdy, sorti en 1984, Alan Parker aborde à nouveau ses thèmes de prédilection, à savoir la folie, la liberté et l'amitié. Pour cela, le cinéaste peut compter sur un casting solide.

En effet, ce drame réunit Matthew Modine, Nicolas Cage, John Harkins, Sandy Baron, Bruno Kirby et Nancy Fish.

Pour l'anecdote, la musique de Birdy est la première bande originale de film signée par Peter Gabriel. Alan Parker fera appel au célèbre compositeur pour créer une atmosphère étrange, lyrique et poétique, à base de chants d'oiseaux mixés avec des rythmes indiens.

Birdy remportera également le Grand Prix du Jury au Festival de Cannes en 1985. Difficile d'imaginer Nicolas Cage dans un drame. Pourtant, l'acteur trouve ici l'un des meilleurs rôles de sa carrière et voit sa belle gueule largement défigurée pour l'occasion.

Attention, SPOILERS ! Deux amis d'enfance, Birdy et Al Columbato, reviennent de la guerre du Vietnam marqués à jamais: Birdy entame un long séjour à l'hôpital et ne sort plus de son mutisme. Prostré, isolé, il passe des heures à fixer le ciel et à rêver de pouvoir voler comme un oiseau.

Son ami Al, qui a perdu son visage dans cette guerre, décide alors d'entrer dans son jeu pour l'aider à sortir de son mutisme. De nombreux films américains ont abordé des héros traumatisés par la Guerre du Vietnam.

Le sujet de Birdy n'est donc pas nouveau. Néanmoins, c'est le traitement opéré par Alan Parker qui fait la différence. A l'origine, Birdy est l'adaptation d'un roman de William Wharton paru en 1978. A l'époque, le Vietnam est évidemment un sujet douloureux, qui va largement inspirer le cinéma et plusieurs réalisateurs de renom. Curieusement, Birdy est rarement cité parmi les références.

En même temps, Birdy n'est pas un film sur la guerre du Vietnam, mais plutôt sur ses conséquences post-traumatiques.

A partir de là, le scénario de ce long-métrage s'appuie sur une grande histoire d'amitié entre deux copains de longue date, Al et Birdy, qui ont fait ensemble les "quatre cents coups". De retour du Vietnam, Al est sujet à de nombreux cauchemars. Il a aussi le visage bandé et mutilé.

Il rend régulièrement visite à son meilleur ami, désormais enfermé dans une chambre d'isolement et réfugié dans une sorte d'état catatonique. Le film fonctionne alors par des successions de flashbacks, Alan Parker se concentrant sur les souvenirs d'Al Columbato.

Les scènes se déroulant au Vietnam sont rares mais apparaissent de temps à autre via de courtes séquences, la plupart du temps extrêmement violentes. A travers cette histoire d'amitié, Alan Parker aborde deux autres thèmes: la liberté et la folie.

Traumatisé par ce qu'il a vécu, Birdy a décidé de se réfugier dans ses propres rêves et de voler comme un oiseau. Face à l'horreur de la guerre, le jeune homme choisit le rêve comme un moyen d'évasion.

Seul problème, Birdy finit par perdre tout contact avec la réalité. En ce sens, le cas atypique de ce jeune homme ressemble à une sorte de psychose post-traumatique. L'envol vers des cieux plus cléments semble être son seul échappatoire.

Paradoxalement, cette passion extrême pour les volatiles n'a rien de nouveau. Ce cas de psychose trouve ses origines et ses fondements dans les souvenirs de lycée. Déjà, à l'époque, Birdy était considéré comme un jeune homme à part, vivant presque exclusivement à travers ses rêves.

Fort d'une réalisation solide et de deux acteurs magistraux, Birdy reste un drame assez particulier, qui traite d'un sujet douloureux. Seul petit bémol, le film a parfois tendance à s'égarer dans des sujets futiles. C'est par exemple le cas lorsque Nicolas Cage entretient une relation avec l'infirmière de son meilleur ami. Ce pseudo idylle est totalement inutile, d'autant plus qu'elle ne sera plus abordée par la suite.

Mais ne soyons pas trop sévère, dans l'ensemble, Birdy reste un très beau film, un de plus pour Alan Parker.

Note: 16/20

Black Christmas (1974)

Genre: horreur, épouvante (interdit aux - 16 ans)
Année: 1974
Durée: 1h35

L'histoire: Des jeunes femmes faisant parties d'une confrérie universitaire passent les vacances de Noël ensemble. Le groupe reçoit d'étranges appels téléphoniques, les jeunes femmes, qui semblent au départ s'en amuser, ne se doutent pas une seconde que les appels sont passés de l'intérieur de la maison.

La critique :
On oublie souvent de le signaler, mais quelques années avant Halloween, la nuit des Masques de John Carpenter, un autre slasher créa la polémique et un certain scandale au moment de sa sortie. Il s'agit de Black Christmas, réalisé par Bob Clark en 1974.
Ce film est également considéré comme le tout premier slasher. Sans ce film, pas de Halloween ni de Scream. Clairement, Black Christmas a grandement influencé John Carpenter pour Halloween, la Nuit des Masques, à la seule différence que le cinéaste transpose son action le soir d'Halloween.

En l'occurrence, l'action de Black Christmas se déroule le soir de Noël, comme l'indique le titre (en anglais) du film. Sinon, pour le reste, le scénario d'Halloween entretient de nombreuses similitudes avec Black Christmas. Au moment de sa sortie, le long-métrage de Bob Clark écope carrément d'une interdiction aux moins de 18 ans.

Toutefois, l'interdiction sera revue à la baisse par la suite. Le film est donc logiquement interdit aux moins de 16 ans. Certes, le film influencera de nombreuses productions très connues. J'ai déjà cité Halloween et Scream.

Mais Terreur sur la Ligne (la version de 1979) de Fred Walton reprendra peu ou prou le même principe. D'ailleurs, Black Christmas fera lui aussi l'objet d'un remake (sans grand intérêt) en 2006. Au niveau de la distribution, ce slasher réunit Olivia Hussey, Margot Kidder, Keir Dullea, Andrea Martin et John Saxon. Attention, SPOILERS !
Pendant la période de Noël, dans une résidence étudiante de filles, quelques-unes des pensionnaires ne partent pas rejoindre leurs familles respectives pour les fêtes et restent sur place. Lors d'une soirée, de sordides appels téléphoniques anonymes troublent leur quiétude.

Si elles préfèrent ne pas les prendre au sérieux dans un premier temps, une des leurs disparait mystérieusement, et le corps d'une adolescente est retrouvé non loin de là par la police. Certaines des pensionnaires se mettent à la recherche de leur amie, mais pendant ce temps, dans la résidence, les cadavres s'empilent, et la police demeure extrêmement incompétente.
Alors que les étranges coups de fil perpétuent au beau milieu de ce remue-ménage, certaines des jeunes filles se retrouvent seules dans la résidence. Enfin, pas si seules que ça...

Certes, présenté comme cela, le scénario est de facture classique. Toutefois, je le rappelle, à l'époque, le scénario est totalement original. Contrairement à la plupart des slashers qui seront réalisés par la suite, Black Christmas ne met pas en scène des adolescents et/ou des lycéens en manque de sexe, mais des personnages adultes confrontés à un véritable maniaque.

Le ton est immédiatement donné. Black Christmas peut donc s'appuyer sur des personnages crédibles. En vérité, Bob Clark semble surtout avoir été influencé par les giallos italiens.

En effet, lui aussi met en scène un tueur invisible et insaisissable. Surtout, le réalisateur propose de nombreuses séquences angoissantes, souvent très brutales mais sans jamais montrer la fin sordide des différentes victimes. Leur sort nous est surtout suggéré.

Ou alors, les meurtres sont filmés hors-champ, laissant le spectateur le soin d'imaginer les souffrances subies par les victimes. Ce qui rend le film d'autant plus dérangeant et le place immédiatement dans le haut du panier. Ne vous attendez donc pas à de grands effets gores, mais plutôt à un climat sans cesse oppressant et jouant avec les nerfs du spectateur. Forcément une référence.

Note: 16/20

Blade Runner

Genre : Science-fiction (interdit aux moins de 12 ans)
Année: 1982
Durée : 1h52

L'histoire : En 2019, la colonisation de l'espace est en plein essor. La génétique a fait d'énormes progrès, permettant de créer un nouveau type d'androïde baptisé « réplicant ». Les réplicants sont d'apparence semblable à celles des humains mais n'éprouvent aucun sentiment. Ils sont utilisés pour les missions les plus dangereuses dans l'espace. Cependant depuis une mutinerie sanglante dans une colonie spatiale, les réplicants ont été rendu illégaux sur terre. Des Agents spéciaux, les « Blade Runner » sont chargés de les traquer et les éliminer. On n'appelle pas cela une exécution mais un « retrait ».

La critique :

Voic un des monuments de la science-fiction, j'ai nommé Blade Runner de Ridley Scott réalisé en 1982. Ce film s'inspire librement du roman, "Les Androïdes rêvent-ils de moutons électriques ?" de Philip K. Dick.

En réalité, Blade Runner est souvent considéré par beaucoup d'amateurs de science-fiction, comme la dernière étape majeure du genre. Et pour cause, Blade Runner est un film totalement ambitieux avec lequel Ridley Scott entend bien redonner un nouveau souffle à la science-fiction.

Il faut dire aussi que le réalisateur a déjà contribué au renouvellement du genre avec son film précédent Alien, le huitième passager. Cependant Alien et Blade Runner n'ont au final que très peu de choses en commun. Ici Scott cherche à évoquer une vision futuriste dantesque de notre monde.

En réalité il existe sept versions en tout de Blade Runner dont 4 devenues célèbres : La version américaine de 1982, la version internationale de 1982, la version Director's cut de 1992 et la version Final cut de 2007. Ce sont ces quatre versions que cette chronique englobera donc.

Attention SPOILERS ! Dans le futur, la génétique a beaucoup évolué. Un nouveau type d'androïde a été mis à jour, les « réplicants » (ou répliquant). Il s'agit d'androïdes très évolués qui ressemblent en tout point aux humains physiquement mais qui intérieurement sont conçus pour être dénudés de sentiments et d'émotions. Les réplicants sont alors utilisés pour servir les hommes et sont notamment envoyés dans l'espace pour effectuer des missions extrêmement dangereuses. La Tyrell Corporation qui crée ces androïdes, a mis au point une nouvelle génération de réplicant, le Nexus 6, un modèle ultra perfectionné. Cependant les membres de cette génération sont à l'origine d'une mutinerie sanglante dans une colonie de l'espace. Ayant massacré l'équipage de tout un vaisseau, ces réplicants ont échappé au contrôle des humains.

Les réplicants ont été rendus illégaux sur terre. Une nouvelle brigade spéciale Les « Blade Runner » sont chargés de les traquer et de les supprimer. La suppression d'un réplicant n'est pas appelé exécution mais « retrait ».

Los Angeles 2019, une métropole « sur-pollué » où règne sans cesse un climat pluvieux. Dans cet univers cauchemardesque, Rick Deckard, un ancien Blade Runner, est arrêté par Gaff, un énigmatique inspecteur de police passionné d'origami. Il amène Deckard au siège de la brigade des Blade Runner pour rencontrer leur chef Bryant. Ce dernier, qui fut jadis le supérieur de Deckard, lui demande de reprendre du service pour éliminer 4 réplicants de la génération Nexus 6, qui auraient réussi à revenir sur terre. Un Blade Runner du nom de Holden a déjà payé le prix cher pour avoir traqué ces 4 androïdes.

Deckard va avoir affaire à forte parti, les 4 réplicants étant composés de « deux mâles », Léon et Roy (le chef) et « deux femelles », Pris et Zhora. Cependant, Deckard se pose une question, pourquoi ces réplicants sont revenus sur terre ? Il devra enquêter au sein de la Tyrell corporation et dans les bas-fonds de Los Angeles pour tenter d'obtenir une réponse. Mais rien ne l'a préparé à ce qu'il attend et à ce qu'il va découvrir.

Voilà donc pour la trame principale qui met en scène une véritable traque dans une Los Angeles futuriste et ravagée par la pollution.

Ce qui frappe en premier lieu dans Blade Runner, c'est l'ambiance que Ridley Scott met en place. Une fois encore, on se retrouve plongé dans une Los Angeles cauchemardesque, sombre, ultra polluée, dans un climat de pluie constant avec des grattes ciels impressionnants et intimidants et des tours-cheminées desquelles s'échappent des jets de flammes. Dès les premières images, Scott place son spectateur dans le malaise et dans cette cité terrifiante et irréelle qui est très influencée par la Metropolis du film éponyme de Fritz Lang. Mais l'ambiance ténébreuse du film serait également inspirée par Apocalypse Now de Coppola, mais aussi du film noir des années 40 comme Le Grand Sommeil. En réalité Blade

Runner mélange différents types d'influences comme on le verra tout au long de cette chronique, pour autant le film conserve une identité propre.

Pour en revenir à l'ambiance du film, on se doit d'évoquer les décors impressionnants (la pyramide de la Tyrell Corporation, les grattes ciel ténébreux, les bâtiments et leurs intérieurs). Ces décors très réussis renvoient immédiatement à un autre aspect incroyable du film, son esthétique. Car oui Blade Runner possède une grande richesse visuelle. A travers les extérieurs et les intérieurs des bâtiments, les costumes, les maquillages, les différentes couleurs parfois sombres, baroques parfois psychédélique et rigoureuses. Blade Runner nous en met plein la vue et c'est un véritable trésor visuel où les images vous régalent la rétine. D'ailleurs, à travers ces images, se véhiculent également de nombreuses symboliques mais aussi pas mal de pub, pour Coca Cola, Marlboro, Pan Am, Toshiba pour ne citer que ceux-là.

On peut aussi évoquer l'éclairage et le jeu avec les ombres et les lumières. Sur ce point, certains effets évoquent directement le Citizen Kane de Welles mais encore une fois le film noir qui reste l'une des influences majeures du film.
Visuellement Blade Runner est probablement le film le plus abouti et le plus réussi de Ridley Scott. Le film aura, en ce sens, une grande influence sur la mode du Cyber-Punk.

Et que serait l'ambiance du film sans la musique envoûtante de Vangelis ? En effet, la bande son très riche crée une ambiance très particulière. A ma première vision du film, j'avais été surpris par certains choix de musique, qui ne me paraissaient pas vraiment en accord avec les scènes qu'elles accompagnent. Cela dit, ce décalage se comprend finalement à travers l'histoire du film ou le bien et le mal ne sont pas définis par les personnages que l'on croit.

Au niveau de la réalisation, Scott se montre très inspiré parvenant à établir beaucoup de suspense (là encore propre au film noir) et beaucoup de tension (notamment sur le final véritablement apocalyptique). On a évoqué l'éclairage, on pourrait également évoquer de nombreux plans, celui de la pyramide de la Tyrell, celui de l'oeil de Léon, de la colombe de Roy s'élevant dans le ciel pour signifier sa mort. Mais on peut surtout évoquer les plans utilisés pour filmer la gente féminine. Car oui c'est l'un des aspects les plus frappants de Blade Runner. Scott filme les femmes comme personne, tantôt fragiles tantôt fatales. Parfois mêmes comme de véritables plantes vénéneuses. Là encore on peut voir une réorchestration de la femme fatale du film noir.

On pourrait encore s'étendre longtemps sur la forme du film.
C'est plus au niveau du fond et de l'évolution des personnages que les versions diffèrent. Les personnages, parlons en justement. Le principal est donc celui de Deckard, un ancien Blade Runner qui reprend du service. Le personnage doit beaucoup à l'interprétation de Harrisson Ford qui livre une de ses meilleures prestations. Ici il n'incarne pas un rôle de « dur » habituel, son personnage est beaucoup plus profond et plus fragile qu'il n'y paraît. De plus les quatre différentes versions permettent de le voir de façon différente. On a ensuite le personnage de Rachel, la secrétaire de la Tyrell, qui se révèle bien vite être un réplicant à part, puisqu'elle possède une mémoire affective. Là encore, Sean Young se révèle à la hauteur dans le rôle de ce personnage ambigu.

Ensuite comment ne pas évoquer le personnage de Roy, le chef des réplicants, hallucinant de par l'interprétation folle de Rutger Hauer ? Ce protagoniste se révèle particulièrement fascinant et de ce fait en impose pendant tout le film. Hauer parvient à conférer à son personnage un mélange de force physique et de spiritualité. Comment oublier certaines de ses citations, celle où il rencontre Chew le créateur des yeux des réplicants « Chew, si vous pouviez voir les choses que j'ai vu avec vos yeux », ou encore lors de la séquence finale apocalyptique : « Quelle expérience de vivre dans la peur ! Voilà, ce que c'est d'être un esclave ». Mais surtout son célèbre monologue : « J'ai vu tant de choses que vous humains, ne pourriez pas croire.

De grands navires en feu surgissant de l'épaule d'Orion. J'ai vu des rayons fabuleux, des rayons C briller dans l'ombre de la porte de Tannhäuser. Tous ces moments se perdront dans l'oubli comme les larmes dans la pluie. Il est temps de mourir ». On peut même dire qu'au final, Roy apparaît en quelque sorte comme le véritable héros du film. Son obsession à retrouver son créateur en fait presque une revisite du mythe de Frankenstein.

On retrouve également Darryl Hannah, sublime et sexy dans le rôle de Pris. Le reste du casting est composé par William Sanderson, Joe Turkel, Joanna Cassidy et Brion James entre autres.

Ces éléments se retrouvent globalement. Par la suite, les quatre versions différentes possèdent des spécificités qui leur sont propres, c'est pourquoi je décide de les aborder brièvement l'une après l'autres.

La version US de 1982
La trame principale est donc bien là, Deckard traque les réplicants. La principale différence de cette version est sa narration. En effet ici, Scott a recours à une voix off qui est celle de Deckard lui-même racontant ainsi son histoire. Ce procédé qui sera

par la suite banni du film, permet pourtant de mieux comprendre certains aspects de Blade Runner, ainsi que le personnage de Deckard et son amour pour Rachel. Cette version contient également une fin plus heureuse. En effet, lorsque Deckard prend la fuite avec Rachel, on les voit tous deux s'en aller dans un paysage clair à travers les montagnes. A ce propos, il paraît que plusieurs prises de vues aériennes sont des rushes du début Shining.

Cette fin crée un contraste particulier par ce changement de paysage tirant presque le film vers le conte. Scott, pour autant, a avoué ne pas vraiment apprécier cette version.

La version internationale de 1982
Elle est quasiment semblable à la version US. Cependant, des passages ont été rajoutés pour augmenter la violence du film, notamment la scène où Roy enfonce ses doigts dans les yeux de Tyrell, la scène où il s'enfonce un clou dans la main ou encore le combat entre Pris et Deckard. Cette violence supplémentaire permet de donner plus de punch au film, mais également de créer de nouvelles symboliques.

La version Director's cut de 1992
Cette version, basée sur la version US, apporte un changement majeur par rapport aux deux précédentes. Tout d'abord, la voix off a été retirée. De même que la scène finale montrant Deckard et Rachel dans les montagnes. Cependant, d'autres scènes suggérant que Deckard serait un réplicant, ont été rajoutées. Voilà un parti pris intéressant. Enfin parti pris, façon de parler, car le film reste très ambigu sur cette nouvelle révélation. Scott ne s'engage pas vraiment et préfère laisser le spectateur se faire sa propre idée. Pendant longtemps, cette version est restée la seule disponible en DVD.

La version Final Cut de 2007.
C'est la version la plus complète et la préférée de Ridley Scott. Il s'agit de la version

Director's cut avec quelques scènes supplémentaires (notamment les scènes de violence de la version internationale de 1982). Le tout a été restauré, ce qui rend un résultat encore plus sublime. Tout comme celle de1992, il est sous-entendu que Deckard est un réplicant, mais une fois encore, cela reste ambigu. C'est donc probablement la meilleure version qui existe.

Ces 4 versions ont donc leurs spécificités, mais au final elles se rejoignent toutes sur le fond. Avec Blade Runner, Ridley Scott évoque un futur sombre et déshumanisé où la faune et la flore ont quasiment disparu. Les seuls animaux que l'on peut voir sont artificiels.

Mais Blade Runner montre la déshumanisation de façon originale à travers les réplicants. Ces êtres conçus comme étant artificiels et apparemment dénudés de sentiments et d'émotions, se révèleront être les personnages les plus touchants du film, plus sensibles que les humains eux-mêmes. Quelque part, on peut voir dans cette « humanisation » un écho au 2001, l'Odyssée de l'espace de Kubrick et à son HAL 9000 (ou Carl).

C'est aussi ce qui fait l'originalité de Blade Runner, qui brouille les limites entre « bons » et « méchants ». Dans le fond, le film est loin d'être manichéen.

Blade Runner se révèle être un sommet de la science-fiction, un film très riche visuellement qui mélange film noir, thriller et anticipation avec une ambiance apocalyptique.

Clairement Ridley Scott signe ici l'un des meilleurs films du genre. A mes yeux, ça reste la plus grande réussite du réalisateur.
Un film culte à voir absolument.

Note : 18,5/20

Blanche Neige et les 7 Nains

L'histoire: Une Reine machiavélique demande à son miroir qui est la plus belle. Mais il choisit Blanche Neige, la nièce de la Reine. Elle demande alors au chasseur de la tuer. Ce dernier, ébloui par la beauté de Blanche Neige, la laisse partir. Blanche Neige arrive alors dans une maison...

La critique :
En vérité, Blanche Neige et les 7 Nains, produit par Walt Disney en 1937, n'est pas la première adaptation du célèbre conte des frères Grimm.

Tout commence en 1903 avec un film muet. Ensuite, plusieurs longs métrages suivront, dont un court métrage animé avec une Betty Boop en Blanche Neige en 1933. Pourtant, c'est bien la version de Walt Disney qui marquera les esprits.

En même temps, à l'époque, Blanche Neige et les 7 Nains, réalisé par David Hand, est le premier long métrage d'animation à la fois sonore et en couleur.

Ce qui constitue une véritable révolution. Ensuite, Blanche Neige et les 7 Nains est également le premier classique d'animation des studios Disney.
Ce film d'animation remportera un vif succès à travers le monde. Au niveau du scénario, les studios seront obligés de peaufiner l'histoire.

A la base, le conte d'origine est assez court. Les scénaristes viendront rajouter quelques éléments supplémentaires, le but étant de réaliser un long métrage de plus de 80 minutes.

D'ailleurs, cette adaptation dépassera largement le budget prévu. Toutefois, à sa sortie, le film des Studios Disney est un triomphe dans le monde entier.

Vous l'avez donc compris: Blanche Neige et les 7 Nains est aujourd'hui considéré comme l'un des films d'animation les plus importants de toute l'histoire du cinéma. Par la suite, d'autres studios tenteront leur chance, et d'autres longs-métrages animés sortiront au cinéma, notamment les Voyages de Gulliver en 1939.

Pour le reste, le plus intéressant reste le film d'animation lui-même. En dehors de ses innovations techniques, Blanche Neige et les 7 Nains est un film plus complexe qu'il n'y paraît. N'oublions qu'il s'agit de l'adaptation d'un conte populaire.

Les thématiques feront d'ailleurs l'objet d'une véritable psychanalyse par certains experts en la matière.

En vérité, le long métrage d'animation oppose deux personnages radicalement différents, Blanche Neige et la reine machiavélique.

Le portrait de Blanche Neige est la caricature volontaire de la femme au coeur pur: elle est douce, serviable, polie, aimable et particulièrement jolie.

A tel point que sa beauté suscite la jalousie de la reine. C'est d'ailleurs ainsi que commence ce long métrage d'animation, par l'exposition du visage de la reine dans le miroir.

Hélas, ce miroir est révélateur d'une terrible vérité et d'un narcissisme primaire: la reine n'est pas la plus belle femme du royaume.

C'est évidemment Blanche Neige. Pour marquer la pureté de cette dernière, le film plonge sans cesse son personnage parmi la nature profonde, sauvage et innocente. Certes, Blanche Neige est la caricature de la femme belle et parfaite, mais c'est aussi un personnage naïf, cliché également de la ménagère.

Arrivée chez les sept nains, elle rangera la maison et préparera le repas.

Pour ce qui est des sept nains, ils obéissent également à des traits de personnalités bien précis, qui renvoient aux sept péchés capitaux et aux moralités du Moyen-Âge. Bref, un tel long-métrage animé mériterait probablement une analyse plus poussée.

Note: 19/20

Blue Snuff

Genre: shockumentary, trash, inclassable (interdit aux -18 ans)
Année: 2009
Durée: 46 minutes

L'histoire: 3 courts métrages. Le premier présente une véritable autopsie, le second se veut un instantané de la mort dans un cimetière mexicain et le dernier décrit les pratiques sadomasochistes d'un homme sur une partenaire non consentante.

La critique :
Les rares possesseurs du dvd de Melancholie der Engel, oeuvre étrange et sulfureuse signée Marian Dora, ont pu découvrir en bonus trois courts métrages regroupés en un seul titre: Blue Snuff. Un film qui se divise en trois segments d'une durée variable et totalement indépendants les uns des autres. Marian Dora est vraiment un réalisateur à part.
Il possède son propre univers et cet univers est entouré d'une aura mystérieuse qu'il est bien difficile de pénétrer pour le commun des cinéphiles. A la fois trashs, poétiques, lunaires, ses films demandent une bonne dose de courage pour s'y lancer et s'immerger complètement dans le monde quasi mystique du réalisateur allemand. Toutes ses oeuvres se trouvant dénuées de quelconques sous titres, elles n'en sont que plus difficiles à appréhender pour qui ne maîtrise pas la langue de Goethe.

Dans Blue Snuff, Dora ne déroge pas à la règle et nous propose trois courts métrages absolument inclassables, à la fois monstrueux, morbides, pervers mais dont il se dégage comme un fantomatique halo spirituel.

Frülhing: Le film débute sur une aurore, recouverte d'une brume bleutée, qui se lève sur une forêt. A mesure que le soleil se lève, la caméra se dirige lentement vers une morgue isolée puis, pénètre dans une grande pièce éclairée par des néons. Sur des tables, gisent les cadavres d'une femme et d'un homme âgé. Deux médecins légistes, dont on ne verra jamais le visage, entament alors une autopsie sur le corps du vieillard. Cela commence par le découpage transversal du torse, puis ils poursuivent par une éviscération complète des organes qui sont déposés sur des plateaux chirurgicaux. Ils procèdent alors au désossement du malheureux en commençant par le fémur.

Alors qu'un des médecins recoud certaines parties du corps, l'autre s'attelle à découper le visage, à l'éplucher tel une orange, à scinder la boîte crânienne en deux au scalpel puis au burin, avant de présenter le cerveau en gros plan face caméra. Le corps, méconnaissable, ne se présente plus alors que comme un amas de chairs dispersées. On peut lire alors cette inscription: "Credo in resurrectionem" tandis que des orgues jouent un air sacré. La caméra se retire et retourne dans la forêt environnante pour assister à un coucher de soleil pluvieux au son des notes romantiques d'un piano.

Subcimetero: Dans la ville de Guanajuato (Mexique), des freaks mendient et déambulent dans les rues. Puis, progressivement, nous pénétrons dans un cimetière désert baigné de soleil. Là, un trou béant laisse deviner des galeries souterraines et d'anciens tombeaux où sont exhumés des cadavres embaumés vieux de plusieurs décennies, voire plusieurs siècles. La caméra se rapproche et l'on aperçoit que tous ces cadavres, la bouche grande ouverte, ont conservé sur leur visage une expression de terreur...

Erotic fantasy: Dans une grotte éclairée par quelques bougies, un homme se livre à des jeux pervers sur une femme nue, allongée et ligotée. Il énuclée les yeux de la tête d'un porc qui était accroché au mur, place deux bougies dans les orbites et dépose la tête du cochon sur le corps de la femme afin que la cire brûlante coule sur ses mamelons. Puis il découpe la langue de l'animal et la fait coulisser entre les cuisses de sa "partenaire". Sur ces entre-faits, une meute de loups surgit de nulle part et dévore la tête du porc sans cependant toucher à la femme. Toutefois, celle-ci se fera trancher les tétons au rasoir par l'homme qui était resté à proximité.

A travers ces oeuvres particulièrement choquantes, nous retrouvons le goût prononcé du morbide qui caractérise le cinéma de Marian Dora. Un cinéma abrupt, sans artifice, qui provoque chez le spectateur un curieux mélange de répulsion et de fascination. Peut-être parce qu'il le renvoie à l'inévitable réalité de sa propre mort. La mort, sujet tabou s'il en est dans notre société de consommation, épicurienne par essence. Au cinéma, par contre, la mort est omniprésente. On la montre d'autant plus volontiers que l'on sait que les acteurs vont toujours se relever à la fin de la prise. Blue Snuff lui, montre la mort réelle, dérangeante et incontournable. Les cadavres ne sont pas des mannequins en latex mais bien des êtres de chair dans toute leur putride laideur.

Le segment de l'autopsie est évidemment le plus insoutenable mais passé le choc visuel, on se prend à être comme hypnotisé par le démembrement en règle de ce corps sans vie, réduit à l'état d'une marionnette de chiffon. Nous devenons les voyeurs de nous-mêmes car inévitablement, nous connaîtrons le même sort. Maintenant, reste la grande question: doit-on tout montrer au cinéma ? Pour ma part, je pense qu'en dehors de très rares exceptions, on peut et on DOIT tout montrer.

Surtout la mort qui bien qu'elle nous soit intolérable, n'est après tout qu'une conclusion logique à l'existence et fait partie intégrante de la condition humaine.

Alors pourquoi se voiler la face et refuser l'évidence...

Le segment Frülhing, bien que très métaphorique, est tout à fait cohérent de ce point. Entre le lever (naissance) et le coucher (mort) du soleil qui délimitent le métrage, ce cadavre a été un homme qui a vécu sa vie et qui retourne à présent se confondre avec la nature dont il est issu. Comme dans Melancholie der Engel, la musique joue un rôle prépondérant. Tantôt religieuse, tantôt expérimentale, tantôt grandiloquente, elle accompagne des images parfois intolérables et accroît encore plus le malaise en réussissant le tour de force de demeurer envoûtante.

Il règne dans les films de Marian Dora, une atmosphère que l'on ne retrouve nulle part ailleurs. Même si son dernier essai en date, Reise Nach Agatis, est quelque peu décevant par son relatif conformisme, il n'en reste pas moins que le style du réalisateur allemand est tout à fait unique. En mêlant le trash le plus abject à une forme de réalisme poétique, il s'apparenterait presque à un croisement improbable entre Marcel Carné et Ruggero Deodato... Hélas, refusant toute notoriété, ce cinéaste discret restera sans doute toujours condamné à l'anonymat de l'underground. Dommage car son cinéma est vraiment intéressant et souvent extrême, le fond lui, n'est pas dénué d'une certaine réflexion. Blue Snuff en est le parfait exemple.

Note: ?

Blue Velvet

L'histoire : Curieux, un jeune homme essaye de trouver une femme qui l'obsède. Mais rien ne se passera comme prévu une fois rencontrée...

La critique :
David Lynch est un cinéaste particulier et qui n'a jamais fait dans la dentelle. Tantôt très expérimental (Eraserhead, INland Empire, Mulholand Drive), tantôt très

classique (Elephant man, Une histoire vraie), tantôt ambitieux (son inachevé Dune; Twin Peaks, grand morceau de télévision), Lynch est un réalisateur qui parle à tous donc, à condition de savoir par où commencer. J'ai commencé par la petite porte avec le pilote de sa série, mais ce sera finalement Blue Velvet qui m'a vraiment intéressé au bonhomme et pourtant ce n'est pas un de ses plus accessibles. Tout du moins, il se révèle assez complexe aussi bien dans son contenu que son esthétique. Lynch s'entoure d'acteurs qu'il a déjà fait tourner ou le fera par la suite comme Isabella Rosselini (au casting de Sailor et Lula), Kyle MacLachlan (son acteur fétiche), Laura Dern (son actrice fétiche) et Dean Stockwell (déjà présent sur Dune); sans compter Dennis Hopper et Brad Dourif. En sachant que Val Kilmer devait incarner le personnage de MacLachlan mais a refusé, stipulant que le film était pornographique. Il regrettera plus ou moins sa résignation. Ce qui est arrivé plus d'une fois avec cet acteur, surtout qu'il aurait pu se passer de tourner Top Gun à la place.

Bien qu'il n'ait rien à faire là malgré une atmosphère un peu spéciale, Blue Velvet a eu droit au Grand Prix d'Avoriaz 87 à la barbe de La mouche de David Cronenberg. Incompréhensible mais bon, on ne refait pas le monde. Blue Velvet commence de manière inédite puisque l'on se retrouve en pleine pelouse façon Microcosmos et avec vue sur une oreille ! On a trouvé introduction moins glauque. De là nous suivons Jeffrey, jeune homme tout ce qu'il y a de plus banal, amoureux de la très jolie Sandy. C'est lui qui a retrouvé l'oreille et il compte bien trouver avec elle d'où elle vient. C'est alors qu'il fait la connaissance d'une chanteuse interprétant justement Blue Velvet . Ce qui donne lieu à une séquence à la fois étrange (on sent déjà la passion dévorante de Jeffrey) et magnifique où Rossellini illumine l'écran. On se sent comme Jeffrey : elle tape à l'oeil dans sa robe et sa prestation dans le film ne se raccroche pas qu'à cela. La séquence où Jeffrey se retrouve longtemps dans le placard est la plus éloquente. Ce dernier se retrouve en position complète de voyeuriste, avec tout ce qu'il y a de plus évident.

Telle une caméra à lui tout seul, il regarde les moindres recoins de l'anatomie de Rossellini. C'est alors que tel un vaudeville débarque Hopper. Ce dernier incarne une véritable raclure dégénérée à l'image de ce qu'il était durant de longues années de déprime. Ce rôle sera celui de sa renaissance pour sa carrière et ce, malgré un lot de casseroles incroyables qui sortiront après. On pense à Super Mario Bros comme à Waterworld.

Il n'y a qu'à voir le passage dans la voiture. Ce rôle de dégénéré imprévisible est un vrai régal et un adversaire de taille pour MacLachlan, doux comme un agneau. Ce dernier se révèle plutôt bon en enquêteur dépassé et obstiné par sa mission. Lynch n'hésite pas à sublimer les corps. Rossellini passe de l'amour à la torture. Jeffrey apprend auprès d'elle le plaisir, mais l'amour véritable, il le trouve avec Sandy. Elles apparaissent comme des pendants sentimentaux pour Jeffrey. Toute la complexité sexuelle de chez Lynch est résumée ici.

Une première incursion chez David Lynch en ce qui me concerne pour le moins superbe et étonnante.

Note: 18.5/20

La Bombe

Genre: documentaire, guerre (interdit aux - 12 ans)
Année: 1965
Durée: 45 minutes

L'histoire: Une bombe atomique soviétique s'abat en Angleterre. A partir de cette hypothèse faite dans le contexte de la guerre froide, Peter Watkins imagine les conséquences immédiates de l'attaque, l'éventualité et les conditions d'une survie.

La critique :

Déjà, dès le début des années 1950, le contexte de Guerre Froide et la possibilité d'une guerre nucléaire influencent le cinéma de science-fiction. A ma connaissance, le film Panique Année Zéro reste le ou l'un des tous premiers films de genre.

Il ne faut pas l'oublier: entre la fin des années 1950 et la fin des années 1980, le climat est particulièrement tendu entre la Russie et les Etats-Unis. La menace d'une Troisième Guerre Mondiale plane au-dessus du ciel. Certains citoyens américains construisent même des abris anti atomiques.

C'est donc une véritable paranoïa qui s'installe, d'autant plus que le cinéma de science-fiction s'empare de ce sujet (hélas) toujours d'actualité. De ce fait, pendant plusieurs décennies, de nombreux films évoqueront la guerre nucléaire, tout du moins un monde ravagé par les radiations et une espèce humaine en voie d'extinction. Ce ne sont pas les exemples qui manquent.

En 1962, Chris Marker réalise le court-métrage La Jetée, qui marque largement les esprits. Son style en noir et blanc et son côté quasi documentaire influencent grandement plusieurs cinéastes, entre autres, Peter Watkins.

En 1965, le cinéaste réalise La Bombe, en anglais The War Game (c'est aussi le titre original). Le principe du film est simple: à partir de données recueillies à Hiroshima et Nagasaki, et d'autres lieux de bombardements intensifs, Dresde, Darmstadt et Hambourg, Peter Watkins essaye d'imaginer ce que provoquerait une attaque nucléaire sur l'Angleterre.

Il décortique les effets sur les populations, les réactions sociologiques, l'efficacité des mesures prises par le gouvernement. La Bombe est donc un documentaire de fiction. On pourrait presque l'apparenter à une sorte de documenteur, qui n'a toutefois rien à voir avec le genre "Mondo", très en vogue à l'époque.

La BBC avait demandé à Peter Watkins de réaliser une simulation crédible des lendemains d'une attaque nucléaire sur l'Angleterre, hautement d'actualité en 1965. Elle a ensuite refusé de diffuser le résultat, très documenté et réaliste, donc très alarmiste et aux antipodes des déclarations politiques britanniques. Une lacune du contrat de production permit au film de tout de même sortir en salles.

Il fut récompensé d'un Oscar et du prix spécial du Festival de Venise en 1967, ce qui pour une simulation est une prouesse. Il remporta également un succès considérable en salles malgré sa durée de 48 minutes.

La Bombe est donc un court-métrage, et plus précisément un moyen métrage. Il sort également dans un contexte particulier. En effet, à la même époque, les Etats-Unis s'engagent dans une guerre contre le Vietnam. Certes, les faits exposés dans La Bombe sont bien de l'ordre de la fiction.

Pourtant, sur le fond, La Bombe est bel et bien un documentaire. La fiction rejoint donc la réalité, d'autant plus que Peter Watkins effectue un travail de fond en se basant sur des recherches très poussées et sérieuses sur le discours politique de l'époque. Mieux encore, le réalisateur s'appuie sur l'analyse de psychologues et de scientifiques pour étudier les effets et l'impact de la bombe atomique sur la population, notamment en termes de radiations, d'épidémies, d'interventions militaires, de dommages collatéraux et des mouvements de foule et de panique.

Clairement, le film n'épargne aucun gouvernement et livre un véritable pamphlet contre la politique et certaines décisions économiques destinées avant tout à protéger les puissants et les dictatures de notre monde. D'ailleurs, ce n'est pas un hasard, pendant plus de vingt ans, la BBC va empêcher la diffusion de La Bombe à la télévision anglaise, mais également à l'international.

Peter Watkins devra se rendre dans plusieurs pays pour financer son film et sera condamné à plusieurs années d'errance et de censure. Un film choc donc et toujours d'actualité.

Note: 17/20

Le Bon, La Brute et le Truand

L'histoire: Pendant la guerre de Sécession, le Bon, la Brute et le Truand s'affrontent pour découvrir un trésor volé aux sudistes...

La critique :
Après le succès des deux premiers films, Pour Une Poignée de Dollars et ...Et Pour Quelques Dollars de Plus, Sergio Leone décide de réaliser le troisième et dernier volet de la trilogie, Le Bon, la Brute et le Truand en 1966.
Sergio Leone réunit à nouveau Clint Eastwood et Lee Van Cleef. Mais comme l'indique le titre du film, un troisième personnage vient jouer ici un rôle prépondérant: Eli Wallach.

Le Bon, la Brute et le Truand est le western le plus connu de la trilogie du dollar. Il est considéré comme la quintessence du western spaghetti. A la base, le film devait s'intituler Les deux magnifiques bons-à-rien mais le titre sera modifié dès le début du tournage. Le scénario de ce western tourne autour de trois personnages principaux.
Le bon (Clint Eastwood) est un homme sans nom que son acolyte, Tuco (Eli Wallach) aime appeler Blondin. C'est un personnage énigmatique et arrogant en compétition avec le même Tuco et Sentenza (Lee Van Cleef).

Pourtant, cet homme est plutôt machiavélique puisqu'il n'hésite pas à utiliser Tuco pour servir ses propres ambitions et partir à la recherche d'un trésor perdu.

C'est un grand amateur de cigares, un stratège et un as de la gâchette.
La Brute est interprétée par Lee Van Cleef, un acteur souvent cantonné dans les rôles de méchant dans les westerns des années 50 et 60.
Encore une fois, il trouve ici un personnage à sa mesure. La Brute est également connue sous le nom de Sentenza.

Pour l'anecdote, Sergio Leone voulait engager Charles Bronson pour interpréter ce mercenaire, qui n'hésite pas à pratiquer la torture pour obtenir des informations. C'est le personnage le plus antipathique du film: c'est un être sans scrupule et sans pitié qui élimine tous ceux qui ont le malheur de croiser son chemin.

Le Truand est interprété par Eli Wallach. Ce personnage est également connu sous le nom de Tuco. En apparence, c'est un petit bandit sans envergure, manipulé à la fois par Sentenza et Blondin.

Toutefois, ce voyou est plus malin qu'il n'y paraît et prendra sa revanche sur Blondin. Par la suite, les deux hommes seront forcés à devenir des compagnons de route. C'est indéniablement le personnage le plus attachant du film.

Certes, ce dernier est une petite crapule mais il apporte une certaine tonalité comique à ce western par son côté maladroit et souvent naïf.

Pour l'anecdote, Sergio Leone avait pensé à Gian Maria Volonté pour incarner Tuco. L'acteur avait déjà fait ses preuves dans le précédent volet de la trilogie, ...Et Pour Quelques Dollars de Plus, mais Leone choisira finalement Eli Wallach après avoir vu La Conquête de l'Ouest.

Pour le reste, Le Bon, la Brute et le Truand est aussi le dernier film italien tourné par Clint Eastwood. Sergio Leone situe son western au moment de la Guerre de Sécession, une période pendant laquelle l'Amérique va connaître de grands bouleversements. Encore une fois, le film tourne autour de trois personnages aux personnalités qui ne sont pas si différentes. Finalement, ces trois mercenaires sont avant tout intéressés par l'appât du gain et sont prêts à tout pour retrouver un trésor perdu.

Nos trois héros n'ont que faire du conflit qui oppose le Nord au Sud dans leur propre pays.

Bien triste vision de l'humanité.
Le film peut s'appuyer sur la très bonne composition de Clint Eastwood et de Lee Van Cleef, excellents dans leur rôle respectif.

Toutefois, la prestation d'Eli Wallach éclipse quasiment le jeu de ses deux partenaires. Enfin, comment ne pas évoquer la superbe musique d'Ennio Morricone et la mise en scène de Sergio Leone multipliant les gros plans sur les faciès de ses personnages ? Bref, Le Bon, la Brute et le Truand est un film culte, un classique du western spaghetti et plus largement, du cinéma en général.

Note: 20/20

Bonnie and Clyde
Genre: drame
Année: 1967
Durée: 1h50

L'histoire: Etats-Unis, les années 1930. C'est la Grande Dépression, suite au krach boursier de 1929. Un couple d'amants criminels, Bonnie Parker et Clyde Barrow, sillonne le pays en braquant des banques. Bientôt, l'Amérique ne parle plus que de ces hors-la-loi inexpérimentés. Certains les admirent. D'autres sont horrifiés. Quoiqu'il en soit, poursuivis par la police, ils devront bientôt faire face à leur destin.

La critique :
Inutile de le préciser mais Bonnie And Clyde, réalisé par Arthur Penn en 1967, s'inspire évidemment de la vie et plus précisément de l'épopée meurtrière de deux criminels américains. Au niveau de la distribution, le long-métrage réunit Warren Beatty, Faye Dunaway, Gene Hackman, Estelle Parsons, Michael J. Pollard, Denver Pyle, Gene Wilder et Dub Taylor.

Bonnie and Clyde est souvent considéré comme un film culte et un classique du cinéma. Il fait aussi partie des premiers succès du Nouvel Hollywood et inspirera de nombreuses générations de cinéastes. En effet, le film a une vraie dimension sexuelle et il respire aussi la mort et la violence, mais j'y reviendrai.

Warren Beatty qui tient le rôle principal (donc Clyde) est aussi le producteur du film. C'est lui qui imposa Arthur Penn comme réalisateur auprès de la Warner. Beatty n'était guère convaincu par le choix de Faye Dunaway et du reste, les deux acteurs ne s'entendaient guère sur le tournage.

D'ailleurs, c'était Jane Fonda qui devait interpréter Bonnie. Hélas, l'actrice vit en France et ne souhaite pas s'installer aux États-Unis pour le tournage. Elle décline finalement l'invitation. La réalisation du film sera proposée à François Truffaut mais le cinéaste est déjà sur le tournage de Fahrenheit 451. Bonnie and Clyde est sorti juste un an avant les événements de mai 68 en France.

L'engouement du jeune public pour le film s'explique sans doute par le fait qu'il met en vedette des héros aux comportements juvéniles et en quête d'un épanouissement sexuel. En résumé, une véritable échappatoire pour une jeunesse alors à la recherche de nouveaux repères.

Aussi est-il nécessaire de rappeler les grandes lignes du scénario. Attention, SPOILERS ! Etats-Unis, les années 1930. C'est la Grande Dépression, suite au krach boursier de 1929. Un couple d'amants criminels, Bonnie Parker et Clyde Barrow, sillonne le pays en braquant des banques. Bientôt, l'Amérique ne parle plus que de ces hors-la-loi inexpérimentés. Certains les admirent.

D'autres sont horrifiés. Quoiqu'il en soit, poursuivis par la police, ils devront bientôt faire face à leur destin. En 1958, William Witney avait déjà réalisé un film sur les deux criminels avec The Bonnie Parker Story. Le long-métrage fonctionne comme un documentaire et se veut brut de décoffrage.

En l'occurrence, Arthur Penn choisit de se concentrer sur la psychologie de ses personnages qu'il rend définitivement humains. Surtout, Bonnie Parker et Clyde Barrow sont les symboles de la révolte et d'une partie de la population qui se sent totalement incomprise.

En vérité, le film d'Arthur Penn annonce le futur phénomène hippie.
L'air de rien, Bonnie And Clyde critique les systèmes financiers en faillite (la banque cambriolée par Clyde mais qui n'a plus d'argent), la désorganisation sociale, une société en manque total de repères et le capitalisme. A partir de là, on comprend mieux l'impact du film et ce qu'il symbolise auprès de la jeunesse de l'époque. Encore une fois, Bonnie and Clyde symbolise parfaitement ce sentiment d'injustice et de révolte. Mieux encore, le long-métrage rejette la société puritaine au profit du fantasme et du plaisir sexuel, ici totalement assumé et représenté par le désir de Bonnie Parker.

A ce désir, s'oppose l'impuissance de son célèbre acolyte. Revanche du sexe féminin sur le sexe masculin ou les prémices du mouvement féministe ? La question mérite d'être posée. Encore une fois, Bonnie and Clyde est un film plus complexe qu'il n'y paraît et qui mérite une analyse plus poussée. Toujours est-il que le long-métrage bénéficie de la mise en scène exceptionnelle d'Arthur Penn. En l'occurrence, celui-ci dirige magnifiquement ses acteurs.

Warren Beatty et Faye Dunaway sont parfois filmés comme des fantômes voire des morts en sursis. La scène finale, d'une violence insoutenable, se terminera dans un bain de sang. Certes, cette séquence est courte mais particulièrement brutale. Surtout, elle est immédiatement suivie par le générique de fin. Bref, un film magistral qui a bien mérité son statut de classique du cinéma.

Note: 18/20

Bons Baisers de Russie

L'histoire: James Bond doit conduire une jeune femme, Tania Romanova, devant lui remettre une machine de décodage. Ce qu'il ne sait pas, c'est qu'elle a été engagée par le Spectre sans s'en rendre compte...

La critique :
Après James Bond contre Dr No, le plus célèbre des agents secrets revient au cinéma avec Bons Baisers de Russie, réalisé par Terence Young en 1963.
Au niveau des acteurs, ce second volet de la série réunit Sean Connery, Daniel Bianchi, Pedro Armendariz, Lotte Lenya, Robert Shaw et Bernard Lee.
Plus que jamais, Sean Connery apparaît comme l'acteur incontournable de la saga.

Bons Baisers de Russie signe également la première apparition de Desmons Llewelyn, alias Major Boothroyd, le spécialiste des gadgets les plus insensés, et qui se fera appeler Q à partir de Goldfinger.

C'est un personnage secondaire qui va devenir rapidement incontournable dans les autres volets de la franchise. A noter également la mort de Pedro Armendariz juste après la sortie du film, l'acteur étant déjà très malade pendant le tournage.
Au niveau de la tonalité, Bons Baisers de Russie se veut moins exotique mais également plus sérieux que son prédécesseur.

C'est indéniablement l'un des meilleurs opus de la saga. Certes, l'humour est le grand absent de ce second chapitre.

Ensuite, l'intrigue est de facture classique mais la recette fonctionne parfaitement.
Bons Baisers de Russie oriente davantage son scénario dans une dynamique d'espionnage. Mieux encore, le long métrage nous transporte dans une ambiance paranoïaque en plein contexte de Guerre Froide.

Le film propose plusieurs séquences d'anthologie. Par exemple, comment ne pas citer la scène se déroulant dans un train, Sean Connery se retrouvant opposé à Robert Shaw dans un duel au sommet ?
Cette fois-ci, James Bond doit affronter le Spectre, bien décidé à éliminer une bonne fois pour toute l'agent secret.

Le film offre également un dépaysement total en nous faisant voyager à travers plusieurs pays: la Turquie, Venise et même à bord de l'Orient-Express !
Bref, un épisode incontournable de la saga et encore une fois, l'un des meilleurs de la franchise.

Note: 17.5/20

Braindead

Genre: horreur, gore (interdit aux - 16 ans)
Année: 1992
Durée: 1h45

L'histoire: Lionel Cosgrove, un jeune homme timide flanqué d'une mère trop envahissante, fait la connaissance de Paquita, dont il tombe amoureux. Alors que sa mère espionne un de leurs rendez-vous, cette dernière est mordue par un singe-rat et se transforme en zombie cannibale.

La critique :
En vérité, Braindead, réalisé par Peter Jackson en 1992, pourrait être considéré comme le troisième chapitre d'une trilogie gore, dans laquelle on retrouve Bad Taste et Meet the Feebles. Toutefois, Braindead peut se targuer d'être le film le plus trash, le plus abouti et le plus déjanté de cette trilogie.

C'est un grand festival de n'importe nawak à tel point que Braindead est souvent considéré comme l'un des films les plus gores jamais réalisés.
Pourtant, sur la forme, Braindead s'apparente davantage à une série B (voire série Z) comique et parodique. L'humour noir et loufoque est donc omniprésent de ce long métrage. Tout fan de film d'horreur se doit d'avoir vu Braindead.
Toutefois, on déconseillera cette série B aux personnes sensibles, Peter Jackson ne lésinant pas sur les hectolitres de sang !

Quant au scénario, il n'est qu'un prétexte à la future boucherie à venir. Attention, SPOILERS ! Lionel est amoureux de la belle Paquita, mais sa mère jalouse ne l'entend pas ainsi et espionne les deux tourtereaux.

Cette dernière est alors attaquée par un singe-rat et développe des symptômes inquiétants. Elle se transforme en zombie cannibale et infecte l'entourage de son fils. Lionel et sa nouvelle fiancée vont devoir affronter une horde de morts vivants sanguinaires.

Voilà pour les hostilités ! Pour le reste, Braindead accumule les séquences sauvages, tout en multipliant les notes d'humour noir.
Impossible de décrire le spectacle en présence. En résumé, Braindead est un film complètement dingue.

Avec cette série B gore, trash, fun et jouissive, Peter Jackson confirme ses talents de réalisateur fou, frappadingue et laissant libre cours à son imagination débordante.
A tel point que le cinéaste n'a pas peur de verser dans l'excès. Pour s'en convaincre, il suffit de prendre la séquence où le héros prend une tondeuse pour massacrer du zombie. La caméra de Peter Jackson tourne dans tous les sens, le sang coule à profusion, les membres des morts vivants volent, finissent dans la poubelle...

En fin de compte, Braindead ressemble à un délire gore et « cartoonesque » qui ravira les amateurs du cinéma bis, et plus largement, les amateurs du cinéma horrifique. En même temps, Peter Jackson mélange parfaitement humour débile, trash et séquences totalement décalées.

En un sens, Braindead est un film OFNI et complètement fantaisiste dans le genre zombie. C'est une péloche horrifique qui influencera tout un pan du cinéma bis, notamment des réalisateurs comme Brian Yuzna, et qui se situe également dans la lignée de la trilogie Evil Dead.

Un vrai film culte pour ceux qui ont eu la chance de le découvrir. Hélas, Braindead reste encore trop méconnu. Par exemple, le film n'est pas encore sorti en dvd.

Note: 17/20

Brazil

Genre: anticipation, science-fiction
Année: 1985
Durée: 2h20

L'histoire: Dans un futur indéterminé, un dérèglement informatique entraîne le fonctionnaire Sam Lowry dans une aventure délirante. A la poursuite de la femme de ses rêves, pourchassé par les autorités, aidé par un criminel, Lowry va vivre une expérience cauchemardesque.

La critique :

Attention, voilà un film d'anticipation assez complexe et plutôt difficile d'accès, j'ai nommé Brazil, réalisé par Terry Gilliam en 1985.

Difficile d'évoquer un tel film que l'on pourrait toutefois résumer comme une peinture à la fois pessimiste et fantaisiste d'une société futuriste et bureaucratique. En vérité, Brazil pourrait se voir comme une adaptation assez libre de 1984, un roman d'anticipation écrit par George Orwell.

Attention, SPOILERS ! Dans un futur indéterminé, le fonctionnaire Sam Lowry tente de réparer une erreur commise par une machine de l'administration.
En effet, un certain Buttle a été arrêté à la place de Tuttle, un plombier aux idées révolutionnaires et donc, dangereuses pour la société.
Sam Lowry est chargé de dédommager la veuve de Buttle. A partir de là, Lowry va plonger dans un univers cauchemardesque, dicté par la loi bureaucratique, les militaires et un monde répressif.

Sur son chemin, Lowry va rencontrer la femme de ses rêves mais également le fameux Tuttle (Robert De Niro), ce dernier symbolisant l'espoir d'une rébellion contre cet Etat dictatorial. A partir de ces différents éléments, Terry Gilliam décrit une société absurde, dans laquelle son héros principal ne maîtrise jamais le monde qui l'entoure. De ce fait, Brazil oscille sans cesse entre anticipation, film pessimiste et un imaginaire qui n'a plus sa place dans cet univers hostile.

Via une mise en scène souvent fantaisiste, Brazil est sans cesse en décalage avec la réalité. Par ce processus, Terry Gilliam nous plonge dans les rêves de Sam Lowry, ce dernier se transformant en oiseau déchiré par la machine capitaliste, ici symbolisé par une sorte de monstre samouraï.

Certes, j'ai évoqué le roman 1984, mais Terry Gilliam puisse également son inspiration chez Fritz Lang, le conditionnement humain tel une machine fait référence au superbe Metropolis.

Brazil est sans aucun doute le chef d'oeuvre de Terry Gilliam avec L'Armée des 12 Singes. Le réalisateur parvient à marier son univers fantaisiste à ses influences profondes.

En résulte un film d'anticipation atypique, à la fois sombre, kafkaïen et mélancolique. Ensuite, Brazil peut s'appuyer sur un casting de qualité: Jonathan Pryce, Robert De Niro, Bob Hoskins, Katherine Helmond et Ian Holm.
Un vrai film culte !

Note: 19/20

Bronson

Genre: drame (interdit aux - 12 ans)
Année: 2008
Durée: 1h35

L'histoire: 1974. Livré à lui-même, Michael Peterson, 19 ans, cherche à faire la une des journaux. Il tente de braquer un bureau de poste mais il est rapidement interpellé. Il est d'abord condamné à sept ans de prison. A ce jour, il a passé 34 années derrière les barreaux et est devenu le détenu le plus dangereux d'Angleterre.

La critique :
Bien avant sa sortie, Bronson, réalisé par Nicolas Winding Refn en 2008, a fait le buzz sur la toile. C'est probablement son sujet et surtout, son personnage hors norme, donc le même Bronson, qui a suscité l'attention et la polémique.

Le film de Nicolas Winding Refn s'inspire de l'histoire vraie du plus célèbre prisonnier
britannique, Michael Gordon Peterson, plus connu sous le surnom de Charles Bronson.

Pour interpréter ce personnage totalement à part, Nicolas Wending Refn fait appel à Thomas Hardy. Pour l'anecdote, l'acteur ira jusqu'à rencontrer le célèbre taulard dans sa cellule. Voilà une façon comme une autre de s'imprégner du personnage.

Il est vrai que l'histoire de Bronson est pour le moins atypique. Attention, SPOILERS ! Issu de la classe moyenne, Michael Gordon Peterson a passé l'essentiel de sa vie en prison, 34 années pour être précis.

Pourtant, cet homme n'est pas un meurtrier ni un gangster. C'est avant tout un type qui sort totalement du système et défie son autorité en refusant de s'y soumettre. A la base, Bronson a été condamné à sept années de prison pour avoir braquer un bureau de poste. Mais une fois derrière les barreaux, ce dernier se montre particulièrement violent et refuse de se soumettre à la loi et aux règles du pénitencier.

Les tauliers font alors office de punching-ball et les coups de matraque n'ont pas l'air d'impressionner notre héros moustachu. Nicolas Winding Refn possède un personnage en or qui ne se résume pas seulement à un petit marginal en dehors du système.
D'ailleurs, l'affiche du film a le mérite de prévenir: "Le nouvel Orange Mécanique du 21ème siècle". C'est assez exagéré.

Certes, Bronson reste une oeuvre à part et beaucoup plus complexe qu'il n'y paraît. Ensuite, ce long-métrage partage quelques similitudes avec celui de Stanley Kubrick. Là aussi, il est question d'enfermement et d'annihilation de la condition humaine dans un système verrouillé, et dans lequel il est préférable de se plier aux exigences de l'autorité. Ce que refuse le bien nommé Charles Bronson.

Mais encore une fois, c'est le traitement opéré par Nicolas Winding Refn qui fait la différence. Cela pourrait se résumer ainsi: comment un criminel sans envergure devient la nouvelle star et terreur des prisons britanniques ?

Le taulard se raconte et joue son show, passant d'un ténor à un clown. Pourtant, le cinéaste choisit de ne jamais prendre position même si ce dernier semble avoir une certaine sympathie pour ce personnage à part.
Certains pourront le voir comme une brute épaisse et total hors système. D'autres le verront comme un poète et un artiste à la sensibilité particulière.

Dans tous les cas, Michael Gordon Peterson reste avant tout un homme qui rêve de liberté et refuse de s'agenouiller devant un système carcéral et verrouillé.

Toujours est-il que Nicolas Winding Refn peut s'appuyer sur l'interprétation magistrale de Tom Hardy, totalement investi dans son personnage.

Tom Hardy ne joue pas Bronson. Il est Bronson ! Enfin, Nicolas Winding Refn confirme ses talents de réalisateur hors pair et signe probablement son meilleur film, en tout cas, le plus abouti. Le cinéaste varie les hostilités et réalise une oeuvre OFNI, qui oscille entre comédie, bastons homériques, enfermement et tragédie.

Déjà un film culte !

Butch Cassidy et le Kid

Genre : western
Année: 1969
Durée : 1H46

L'histoire : A l'Ouest au début du vingtième siècle, deux hors la loi vont de pillage en pillage et d'exploit en exploit. Ils se font appeler Butch Cassidy et le Kid. Cependant à force d'attaquer les trains de l'Union Pacific, ils finissent par se mettre à dos Harold Harriman, le directeur de la compagnie. Ce dernier engage alors les traqueurs plus chevronnés de l'ouest leur but : trouver et tuer les deux bandits.

La critique :

Attention Western Culte, Butch Cassidy et le Kid de George Roy Hill, réalisé en 1969. Il faut dire que Roy Hill est un cinéaste à part, puisque qu'il fait la jonction entre le vieil et le nouvel Hollywood. Butch Cassidy et le Kid est l'un des westerns qui tire le genre vers sa fin.

En réalité le film est inspiré de l'histoire réelle de Robert Leroy Parker, alias Butch Cassidy et de Harry Longabaugh alias Sundance Kid. Les deux hors la loi sont devenus de véritables légendes de l'ouest américain au même titre que Jesse James ou Buffalo Bill.

Attention SPOILERS ! Le film s'ouvre sur un générique qui met en scène un vieux film d'époque qui reconstitue l'attaque d'un train par Butch Cassidy et le Kid.
Butch Cassidy et Sundance Kid forment un duo d'enfer d'experts en pillage. Butch est le cerveau et ne manque pas d'imagination pour monter des attaques de train ou de banques. Le Kid moins bavard est le bras armé, c'est un as de la gâchette qui fait mouche à chaque coup (il est meilleur en dégainant).

Les deux hommes rejoignent leur gang dans la nature. Bien vite, Butch expédie une querelle avec un des membres trop gourmand. Par la suite, il accepte l'idée d'attaquer des trains de l'Union Pacific. Les truands qui évitent les effusions de sang raflent tous les dollars passant par le chemin de fer.

Pourtant le bonheur ne dure pas. Monsieur Harold Harriman, le chef de l'Union Pacific, las de voir ses trains être les cibles favorites des deux bandits, a décidé d'engager une bande de mercenaires pour éliminer le gang. Certains membres de la bande de hors la loi sont abattus, Butch Cassidy et le Kid parviennent à prendre la fuite. Ils traversent les forêts, le désert, les montagnes sans jamais parvenir à semer leurs poursuivants qui sont en fait les plus fins limiers et les plus redoutables shérifs de l'ouest américain. Les deux hommes sont contraints de fuir à New York puis de là, ils vont vers la Bolivie. Ils recommencent leurs séries de méfaits, mais bien vite, ils réalisent que leurs poursuivants n'ont pas encore lâché l'affaire.

Voilà donc pour le scénario qui reprend les grandes lignes de l'histoire des deux bandits, le tout étant bien évidemment romancé.

La réalisation de George Roy Hill est superbe et la mise en scène remarquable. A ce titre, de nombreuses scènes sont devenues cultes. La plus célèbre étant bien sûr la balade en bicyclette accompagnée par Raindrops Keep Fallin' on My Head de Burt Bacharach et Hal David (oscar de la meilleure chanson) et par la réplique de Newman « Vous êtes sur mon vélo, dans certains pays arabes, c'est comme si nous étions mariés ». Cependant on peut également citer la scène des cavaliers sortant du train, les torches des poursuivants luisantes dans la nuit, le saut de la falaise, le voyage à New York et la fusillade finale.

Et que dire du générique du départ accompagné par les images d'un vieux film sur les deux hors la loi ? Pour information dans cette introduction, le gang est nommé « La Horde Des Planqués », (ou « du trou dans le mur » dans la version originale). En réalité, le nom de la bande de Cassidy était « La Horde Sauvage », cependant il a été modifié en raison de la sortie du film de Sam Peckimpah, La Horde Sauvage prévue trois mois avant.

Hill se dira cependant déçu, estimant qu'il n'a pas pu donner le meilleur de lui-même. En effet, le réalisateur dirigea une grosse partie du film allongé en raison d'une blessure au dos. Cela ne l'empêchera pourtant pas de toucher l'oscar du meilleur réalisateur.

Si la réalisation est grandiose, il faut reconnaître que le film tient surtout et beaucoup sur les épaules de ses deux acteurs principaux. Clairement Paul Newman et Robert Redford forment un des meilleurs tandems de l'histoire du cinéma. Impossible de ne pas s'attacher à nos deux hors la loi rayonnants de sympathie. L'humour du film tient à la prestation des deux interprètes véritablement charismatiques (les dialogues sont irrésistibles). Vous l'aurez compris, le duo fonctionne à merveille.

Pour information, des acteurs comme Marlon Brando, Steve McQueen, Dustin Hoffman et Jack Lemmon furent approchés pour les rôles.

Mais les autres interprètes sont également bons, c'est le cas de Katharine Ross, même si elle passe un peu au second plan.

On peut dire que Butch Cassidy et le Kid, tout comme La Horde Sauvage mais dans un genre différent, annoncent la fin du western. Le film s'assombrit peu à peu, l'humour disparaît plus le film avance. Ainsi, la fusillade qui voit nos héros suivre un destin similaire à celui de Zapata, prend à contrepied la scène de la balade en bicyclette. Pour autant, le film renoue également avec les mythes du genre et fait preuve de nostalgie. La bonne humeur domine les trois quarts de Butch Cassidy et le Kid, sauf le final.

Titulaire de quatre oscars, le film sera un grand succès et deviendra culte.

Au final, le film s'est imposé comme l'un des meilleurs westerns jamais faits. Sorte de révision de Bonnie And Clyde version western, le film a lancé la mode des buddy movies (films ayant pour héros deux copains).

Butch Cassidy et le Kid est un chef d'oeuvre dramatique, plein d'action, d'humour et de nostalgie. Un des sommets du genre, à voir absolument.

Note : 18/20

Lettre C :

Le Cabinet du Docteur Caligari
Genre: épouvante, horreur, thriller
Année: 1920
Durée: 1h15

L'histoire: Un jeune homme nommé Francis raconte à un vieil inconnu la terrible mésaventure qui lui est arrivée. Dans une fête foraine, un vieil homme intimidant et mystérieux se faisant appeler Dr. Caligari tient un stand dans lequel il exhibe un somnambule capable de prédire l'avenir. Ce denier prédit la mort à son ami Alan, un décès qui survient effectivement la nuit suivante. Depuis l'arrivée de Caligari dans le petit village, des meurtres s'accumulent. Francis mène l'enquête parallèlement à la police, alors que sa nouvelle amie est la proie du somnambule et de son maître, le Docteur Caligari, dont la véritable identité va se révéler surprenante.

La critique :
A l'origine, Le Cabinet du Docteur Caligari, sorti en 1920, devait être réalisé par Fritz Lang. Mais au même moment, le cinéaste allemand tourne déjà le film Les Araignées et doit donc décliner l'invitation. C'est finalement Robert Wiene qui est choisi pour réaliser ce long-métrage horrifique, qui oscille également du côté du thriller. Néanmoins, Le Cabinet du Docteur Caligari va énormément influencer le même Fritz Lang pour Le Testament du Docteur Mabuse.

En effet, le film de Robert Wiene est très marqué par le mouvement expressionniste allemand, très en vogue à l'époque.

Ce qui donne un côté totalement surréaliste à ce long-métrage, donnant l'impression au spectateur de nager en plein cauchemar. C'est d'ailleurs l'effet désiré par Robert Wiene. Aussi est-il nécessaire de rappeler les grandes lignes du scénario. Attention, SPOILERS ! Dans une fête foraine, vers 1830, le docteur Caligari exhibe Cesare, un somnambule. Celui-ci prédit à un étudiant, Alan, qu'il vivra jusqu'à l'aube. Il est en effet assassiné dans son lit. Son ami Francis soupçonne Caligari.

La jeune fille que convoitaient Alan et Francis est enlevée par Cesare. Poursuivi, le somnambule s'écroule après avoir abandonné son fardeau. Francis poursuit Caligari qui se réfugie dans un asile de fous, dont Caligari s'avère être le directeur, et Francis un des patients ainsi que la jeune fille convoitée. A partir de là, le film se divise en six actes bien distincts.

Le premier acte est donc le prologue du film et nous présente deux personnages qui discutent sur un banc dans un parc. Le plus jeune, Francis, raconte le drame qu'il vient de vivre. S'ensuit alors un flashback.

Une fête foraine s'installe dans la petite ville d'Holstenwall. Le Docteur Caligari de passage dans celle-ci obtient, après quelques difficultés, l'autorisation du Secrétaire de Mairie d'installer un stand afin d'y présenter un somnambule. Ce dernier prédit la mort de plusieurs personnages.

Les prédictions se réalisent et l'étau se resserre autour de Caligari. Voilà pour le résumé très succint des cinq actes suivants. Le scénario est écrit par Hans Janowicz et Carl Mayer. Au moment de sa sortie, Le Cabinet du Docteur Caligari est salué par la critique, qui le considère comme le manifeste de l'expressionnisme allemand à l'écran.

Il n'est donc pas très étonnant que ce film ait influencé plusieurs générations de cinéastes, dont Fritz Lang lui-même (comme je l'ai déjà souligné). Ce long-métrage se distingue par une mise en scène volontairement théâtrale et labyrinthique. Les décors sont eux aussi exagérés dans leurs formes, ce qui renforce cette impression de se situer en plein cauchemar, tout du moins, dans une sorte de délire visuelle sous forme d'hallucinations psychotiques.

En vérité, le film traduit avant tout le délire d'un fou, qui raconte sa propre histoire. Encore une fois, le décor tient une place prépondérante. Les routes sont sinueuses, les paysages sont chargés de symboliques et de graphismes particulièrement agressifs.

Ce qui donne au spectateur une sensation de douleur, de terreur et de malaise tout au long de cette pellicule étrange, mais néanmoins intéressante. Toutefois, ce style a aussi ses limites.

Force est de constater que ce caractère expressionniste est beaucoup trop appuyé à certains moments. De ce fait, le film n'est pas toujours facile à suivre. Toutefois, au risque de me répéter, Le Cabinet du Docteur Caligari va profondément marquer le cinéma allemand, ne serait-ce que par la force et la terreur qu'il dégage. Indéniablement, ce film fait partie des grands classiques du noble Septième Art.

Note: 16.5/20

Caligula
Genre: historique, érotique, pornographie (interdit aux - 18 ans)
Année: 1979
Durée: 2h30

L'histoire: La vie de Caligula, Empereur de Rome, sur fond d'orgies et d'intrigues. Une reconstitution historique impressionnante de la décadence érotique romaine au premier siècle de notre ère.

La critique :
Attention, film choc ! J'ai nommé Caligula, réalisé par Tinto Brass en 1979. Pour l'anecdote, il existe deux versions du film. A l'origine, Tinto Brass voulait signer un film historique, tout en jouant la carte de l'érotique soft. Mais les producteurs, Bob Guccione et Franco Rossellini, inséreront plusieurs séquences à caractère pornographique.

Il existe donc une version érotique de 102 minutes environ et une autre beaucoup plus hard, s'étalant sur une durée de deux et 30 minutes de bobine.

Au niveau de la distribution, Caligula réunit Malcolm McDowell, Teresa Ann Savoy, Helen Mirren, Peter O'Toole et John Steiner. Toutefois, il serait réducteur de résumer ce long-métrage atypique à une oeuvre pornographique. Aussi est-il nécessaire de rappeler les grandes lignes du scénario.

Attention, SPOILERS ! Après la mort de l'empereur Tibère, Caligula devient le nouveau maître de l'Empire romain. Il se fait donner les pleins pouvoirs par le Sénat et, rongé par la folie, il dirige tel un despote un monde romain totalement décadent.

Comme je l'ai déjà souligné, le film est produit par Bob Guccione. A l'époque, celui-ci est le directeur du magazine Penthouse. Bob Guccione a pour ambition de produire une oeuvre grandiose, mégalomane et avec une forte connotation sexuelle.

Il décide alors d'investir 20 millions de dollars dans la production de Caligula. C'est une somme considérable à l'époque. Bob Guccione fait aussi appel à de grands noms du cinéma. Il choisit Federico Fellini pour les décors du film et Tinto Brass pour assurer la réalisation du film.

Ce dernier s'est notamment distingué en signant Salon Kitty, une autre production à caractère érotique. A cela, il faut aussi ajouter une distribution de prestige. Malcolm McDowell tient donc le rôle principal, à savoir celui de Caligula, nouveau despote de l'Empire romain.

Le tournage de Caligula commence en 1976 et est marqué par de nombreuses tensions entre Tinto Brass et Bob Guccione. En effet, le cinéaste veut réaliser une oeuvre très personnelle avec des personnages atypiques, entre autres des nains et des vieilles femmes édentées. Ce qui ne plaît guère à Tinto Brass, qui rajoute des séquences sexuelles explicites.

Oui, vous avez bien lu. Pour ceux qui souhaiteraient regarder la version de deux heures et demie, attendez-vous à voir des scènes de pénétration, de fellation et de lesbianisme. Et encore, je n'entre pas dans les détails (façon de parler) !

De ce fait, la première version (celle de 102 minutes) est interdite aux moins de 16 ans. Celle avec les scènes supplémentaires est interdite aux moins de 18 ans. Une fois le film terminé, Tinto Brass renie son long-métrage qu'il ne reconnaît plus.

Il se sent trahi par Bob Guccione. Pour le reste, difficile de décrire une oeuvre telle que Caligula, qui fait figure à la fois de film hybride, trash, érotique et pornographique. Clairement, Caligula est un long-métrage à part dans l'histoire du cinéma.

Il s'agit d'une oeuvre insolente et décadente, finalement à la mesure de son personnage principal, soutenu par l'interprétation magistrale de Malcolm McDowell. L'acteur est totalement investi dans son rôle. McDowell ne joue pas Caligula, il est Caligula!

Son interprétation est presque effrayante ! Sur la forme, le film ressemble presque à une sorte d'immense théâtre à forte connotation sexuelle. Pourtant, malgré l'abondance de séquences pornographiques, impossible de ne pas être fasciné par ce film, par sa musique sensuelle et ses décors de toute beauté. Un immense travail a été effectué.

Enfin, Caligula a un vrai caractère historique, les thématiques principales reposant sur le pouvoir, la frénésie et la débauche la plus totale. Le film contient également plusieurs scènes particulièrement sanglantes, notamment une séquence d'émasculation. Bref, vous l'avez compris: Caligula ne plaira pas à tout le monde et s'adresse à public averti.

Note: ?

Cannibal Holocaust
Genre: horreur, gore, trash (interdit aux - 18 ans)
Année: 1980
Durée: 1h40

L'histoire: Quatre jeunes reporters sont partis en Amazonie afin de tourner un documentaire sur les cannibales. On ne les a jamais revus. Le Professeur Monroe décide de monter une expédition afin de les retrouver. Une fois arrivé sur place, il parvient à sa faire accepter par la plus dangereuse des tribus cannibales, le peuple des Arbres.

La critique :
Attention, film trash, gore, extrême et scandale ! J'ai nommé Cannibal Holocaust, réalisé par un certain Ruggero Deodato en 1980.

Dans son genre, Cannibal Holocaust reste une référence en la matière. En même temps, le film de Deodato sera entouré des rumeurs les plus sordides, certaines étant bien réelles. En vérité, il s'agit d'un documenteur, Ruggero Deodato jouant largement la carte du snuff movie voire du torture porn.

Pour cela, rien de plus simple: il s'agit de faire croire que le documentaire présenté est bien réel. De ce fait, le film se divise en deux parties très distinctes.
Dans la première, un scientifique, le Professeur Monroe, apprend la disparition mystérieuse de journalistes, partis en Amazonie dans des contrées cannibales. Monroe organise une véritable expédition afin de les retrouver.

Mais le périple sera des plus difficiles, la jungle étant un univers dangereux et hostile.

Monroe finit par rencontrer une peuplade cannibale, et parvient à se faire accepter de la tribu. Il découvre alors la vidéo tournée par les reporters, seule preuve que nos journalistes sont bien passés par ici.

De retour chez lui, Monroe et plusieurs spécialistes visionnent la cassette. Bienvenue en enfer ! Débute alors la seconde partie de Cannibal Holocaust.
A partir de là, pour les âmes sensibles, prière de s'abstenir et d'aller faire un petit tour... La vidéo retrace le long périple des journalistes disparus, de leur aventure dans la jungle à leur rencontre avec les anthropophages, leur expédition se terminant dans la boucherie (et le mot est faible !).

Désolé, je n'en dirai pas davantage sur le film...
Toujours est-il que Ruggero Deodato signe une oeuvre trash, violente et polémique, le but étant de dénoncer les dérives du journalisme, les pouvoirs des médias, ainsi qu'un colonialisme qui s'exprime ici par le mépris de quelques reporters, prêts à tout pour faire du sensationnel.

Et le film va très loin dans l'horreur. Cela commence par une tortue dépecée, puis des crânes de singes décapités, ensuite par le viol d'une jeune cannibale, et enfin, par un village brûlé. Et encore, je ne cite que quelques exemples au hasard.
Pourtant, malgré des thématiques intéressantes, Cannibal Holocaust reste un film voyeuriste, le spectateur étant invité ici à assister à une véritable boucherie.

Ensuite, certains procédés utilisés visent avant tout à choquer, plutôt qu'à dénoncer. A ce sujet, sachez que les morts des animaux sont bien réelles.
Il n'y a aucun trucage. C'est ce même procédé qui rendra cette oeuvre si réaliste, justifiant totalement sa réputation de film trash. D'ailleurs, Deodato sera même accusé d'avoir assassiné ses propres acteurs.

Il sera amené à se justifier au tribunal sur plusieurs séquences tournées, notamment celle où l'on voit une jeune femme empalée.

Après, malgré les diverses polémiques, Cannibal Holocaust reste un film à découvrir, mais à réserver à un public extrêmement averti.
Soit on aime, soit on déteste.

Note: ?

Les Canons de Navarone

Genre: guerre
Année: 1961
Durée: 2h35

L'histoire: Durant la Seconde Guerre Mondiale, un commando est chargé d'une périlleuse mission: détruire deux énormes canons allemands situés sur l'île de Khéros.

La critique :
A la base, Les Canons de Navarone, réalisé par Jack Lee Thompson en 1961, est la très libre adaptation d'un roman écrit par Alistair MacLean.
Les Canons de Navarone fait également partie des grands classiques du cinéma et peut s'appuyer sur un casting de prestige:
Gregory Peck, David Niven et Anthony Quinn sont les stars principales du film.
Viennent aussi s'ajouter Stanley Baker, Anthony Quayle, James Darren, Irène Papas et Richard Harris.

Le scénario est de facture classique. Mais encore une fois, c'est le traitement opéré par Jack Lee Thompson qui fait la différence.
Attention, SPOILERS ! En 1943, durant la Seconde Guerre Mondiale, du haut d'une

falaise, des canons allemands dominent le détroit de la mer Egée.

Pour les Alliés, il faut à tout prix les détruire. Un commando de choc est réuni. A sa tête, un alpiniste, un expert en explosifs et un résistant grec.
A l'origine, le producteur du film, Carl Foreman n'était pas très enthousiaste pour adapter une telle histoire au cinéma.

Pourtant, avec le temps, Carl Foreman change d'avis et y voit une opportunité de critiquer et de dénoncer l'absurdité de la guerre, tout en proposant un film d'action aux séquences spectaculaires. C'est d'ailleurs le gros point fort des Canons de Navarone, à savoir sa mise en scène nerveuse et rythmée.

Ensuite, comme je l'ai déjà souligné, Les Canons de Navarone peut s'appuyer sur un trio (Gregory Peck, David Niven et Anthony Quinn) qui fonctionne à merveille.
Ici, les personnages principaux ne sont pas que de simples faire-valoir. Il s'agit de soldats et/ou d'aventuriers au caractère bien trempé.

Mieux encore, Les Canons de Navarone lancera par la suite un nouveau genre: le film de commando.

Ce long-métrage a probablement inspiré Robert Aldrich pour réaliser Les Douze Salopards, un autre classique du cinéma.

A partir de là, Jack Lee Thompson alterne les morceaux de bravoure et les moments plus intimistes. Encore une fois, les personnages en présence ne sont pas là pour faire de la simple figuration. Le cinéaste s'intéresse à leur personnalité et à leur passé. Nos héros seront alors confrontés à un paysage hostile et certains seront amenés à se sacrifier dans une mission périlleuse.

Enfin, Les Canons de Navarone contient plusieurs séquences d'anthologie et peut s'appuyer sur de superbes paysages.

Bref, la réputation des Canons de Navarone est totalement justifiée et influencera de nombreux ersatz mettant à l'épreuve un commando de soldats aguerris.
En quelques mots: une oeuvre magistrale, à la fois intelligente, ludique et réalisée avec brio.

Note: 18.5/20

Carnival Of Souls
Genre: épouvante, horreur
Année: 1962
Durée: 1h20

L'histoire: A la suite d'une course de voitures, un véhicule transportant trois jeunes femmes tombe d'un pont et sombre dans une rivière. L'unique rescapée, Mary, part ensuite s'installer à Salt Lake City. Mais bientôt, des événements étranges se produisent.

La critique :
Certes, La Nuit des Morts-Vivants, réalisé en 1968 par George A. Romero, reste un film culte, définissant les codes d'un genre qui ne cessera d'influencer le cinéma horrifique, à savoir le film de zombies.

Toutefois, George Romero sera influencé par plusieurs péloches horrifiques, entre autres, Carnival of Souls, signé Herk Hervey en 1962.
A l'instar de la Nuit des Morts-Vivants qui, avec un budget dérisoire, connaîtra le succès et la gloire, Carnival Of Souls sera condamné à un certain anonymat, le film

de Herk Hervey suscitant à l'époque l'indifférence générale.

Toutefois, Carnival of Souls justifiera sa réputation au fil des années. Avant d'aborder les thématiques de ce film d'épouvante, il est nécessaire de rappeler l'histoire. Attention, SPOILERS ! Mary participe à une course de voitures organisée par ses amis. Malheureusement, le véhicule de la jeune femme échoue dans une rivière.
Mary est la seule rescapée de cet accident. Marquée par cette tragédie, elle décide alors de reprendre son travail d'organiste.

Mais très vite, des événements étranges se produisent.
Premièrement, Mary a l'impression de ne plus exister et d'être parfois transparente aux yeux du monde. Ensuite, elle a la sensation d'être épiée par des spectres. Au niveau de la mise en scène, Carnival of Souls n'est pas sans rappeler la série La Quatrième Dimension, et notamment l'épisode L'Auto-Stoppeur, dans lequel une jeune femme est poursuivie par un fantôme.

Dans Carnival of Souls, ce sont les thématiques de la mort et la quête de l'âme humaine qui sont évoquées.

D'ailleurs, plusieurs séquences font référence à ces mêmes thématiques. Mary est sans cesse angoissée par cette sensation de ne plus exister.
Cela se traduit par le regard des autres, étrangement absent. Peut-être faut-il aussi y voir l'indifférence de notre société...

Autre séquence remarquable: celle se déroulant dans une église, Mary composant alors une mélodie funèbre qu'elle ne maîtrise pas.
Harcelée par des fantômes qui proviennent de la rivière où sa voiture a sombré, Mary tentera d'échapper à la fatalité.

Certes, au niveau de son intrigue, Carnival of Souls est assez prévisible. Toutefois, c'est au niveau de la mise en scène que le film surprend. En effet, Herk Hervey parvient à instaurer un climat gothique, certaines séquences ayant également inspiré Romero sur d'autres péloches horrifiques.

Les morts-vivants sortant de l'eau l'ont probablement influencé pour le film Le Territoire des Morts. Certes, Carnival of Souls souffre désormais du poids des années, et risque probablement de faire sourire les amateurs de zombies assoiffés de chair humaine. Cependant, il serait dommage de passer à côté de ce petit classique de l'épouvante.

Note: 16.5/20

Carrie Au Bal du Diable

Genre: horreur (interdit aux - 16 ans)
Année: 1976
Durée: 1h40

L'histoire: Tourmentée par une mère névrosée et tyrannique, la vie n'est pas rose pour Carrie. D'autant plus qu'elle est la tête de turc des filles du collège. Elle ne fait que subir et ne peut rendre les coups jusqu'à ce qu'elle ne se découvre un étrange pouvoir surnaturel.

La critique :

A la base, Carrie Au Bal du Diable, réalisé par Brian de Palma en 1976, est l'adaptation d'un roman de Stephen King.

Pour l'anecdote, le livre original reste le tout premier roman du maître de l'épouvante. Brian de Palma reprend les grandes lignes de l'histoire mais rajoute de nombreux éléments. Aujourd'hui, Carrie au Bal du Diable peut se targuer d'appartenir aux films cultes et aux grands classiques du cinéma horrifique.

Au moment de sa sortie, le film connaîtra un gros succès populaire et rapportera plus de 30 millions de dollars de bénéfices.

Ce qui est considérable à l'époque. Mieux encore, le long-métrage est salué par les critiques et la presse cinéma.
Carrie Au Bal du Diable obtiendra plusieurs récompenses: meilleure actrice pour Sissy Spacek et meilleur film d'horreur.
Au niveau des acteurs, le film de Brian de Palma réunit Sissy Spacek (que j'ai déjà citée), Piper Laurie, Amy Irving, William Katt, John Travolta, Nancy Allen et Betty Buckley. A la base, le cinéaste n'avait pas forcément songé à Sissy Spacek pour interpréter la jeune Carrie mais l'actrice impressionnera le réalisateur lors de son audition.

Pour l'anecdote, Melanie Griffith passera également la douloureuse épreuve de l'audition mais ne sera pas retenue.

Ouf, on l'a échappé belle !
Hélas, ce premier film sera suivi d'un second volet, donc Carrie 2: La Haine, bien des années plus tard, et d'un remake réalisé en 2002 sous la forme d'un téléfilm. Pour le reste, le scénario de Carrie au Bal du Diable ressemble à s'y méprendre à l'histoire de Cendrillon. Tout du moins, on y trouve de nombreuses allusions.
Là aussi, il est question d'une jeune femme à la recherche du prince charmant et qui fuit une famille toxique.

Seule différence, et pas des moindres, Carrie Au Bal Du Diable s'apparente à un conte morbide et profondément pessimiste.

L'erreur serait surtout de considérer ce superbe film comme un simple teen movie et/ou un petit film d'horreur pour adolescents pré-pubères.

L'air de rien, Brian de Palma brosse le portrait d'une adolescente mal dans son corps et rejetée par les siens, en l'occurrence, par la plupart des filles de son lycée.

Paradoxalement, le cinéaste confère au personnage le physique d'une sorcière, tout du moins, l'apparence d'une fille au physique ingrat.

La middle class américaine et son intolérance en prennent pour leur grade. A l'époque, la mode fait déjà l'apologie de l'apparence, du rejet et du repli sur soi.

Parallèlement, l'univers familial de Carrie n'a rien d'un conte de fées. La jeune femme doit subir les nombreuses pressions d'une mère dépressive et acariâtre.

Pourtant, Carrie va connaître son heure de gloire. Le bal annuel du lycée va lui permettre de retrouver une certaine estime de soi.

Entre deux, la jeune femme développe des pouvoirs télépathiques inquiétants qui semblent surtout régis par les émotions négatives et la colère.

A partir de ces différents éléments, Brian de Palma signe un film d'horreur très inspiré par les oeuvres hitchcockiennes.

Le cas de Carrie n'est pas sans rappeler celui de Norman Bates dans Psychose. Plus que jamais, le démon est intérieur et semble dépasser la personnalité propre du sujet.

Ensuite, Brian de Palma peut s'appuyer sur l'excellente interprétation de Sissy Spacek, totalement investie dans son personnage.

Le réalisateur divise alors l'écran en deux parties (split-screen) pour juxtaposer le point de vue des autres et le regard vengeur et colérique de son héroïne.

Enfin, chacun ou chacune pourra s'identifier à ce personnage et partager sa souffrance. Plus que jamais, Carrie au Bal du Diable ressemble à une tragédie, et plus largement, à un conte cynique, cruel et d'une rare violence.

Note: 18.5/20

Casablanca

Genre: drame, romance
Année: 1942
Durée: 1h40

L'histoire: A Casablanca, pendant la Seconde Guerre Mondiale, Rick Blaine, un américain en exil, tient un night-club. Mais l'établissement sert également de refuge à ceux qui voudraient se procurer des papiers pour quitter le pays. Lorsque Rick voit débarquer le dissident politique Victor Laszlo et sa femme Ilsa, quelle n'est pas sa surprise de retrouver le grand amour de sa vie.

La critique :
Le succès de Casablanca, réalisé par Michael Curtiz en 1942, n'a rien du hasard. Oui, Casablanca peut se targuer d'appartenir aux grands classiques du cinéma.
Soixante ans après sa sortie, Casablanca reste un film indémodable. Pourtant, le tournage connaîtra des conditions difficiles.

Dans un premier temps, les acteurs prévus au départ, à savoir Ann Sheridan, Ronald Reagan et Dennis Morgan, déclinent finalement l'invitation.
Même chose pour le réalisateur initial, à savoir William Wyler, finalement remplacé par Michael Curtiz. Faute de pouvoir réunir un tel casting, Casablanca peut s'appuyer sur un des acteurs de classe et de qualité: Humphrey Bogart, Ingrid Bergman, Paul Henreid, Sidney Greenstreet et Claude Rains.

Pour le reste, Casablanca peut se voir comme une oeuvre engagée et antinazie.

Mais au-delà de ce dernier aspect, Casablanca reste avant tout une grande histoire d'amour. Attention, SPOILERS ! Pendant la Seconde Guerre Mondiale, à Casablanca, Rick Blaine (Humphrey Bogart) tient un club privé.

Cet endroit sert aussi de refuge pour ceux qui veulent quitter le pays et avoir des papiers. Un jour, Rick Blaine reçoit la visite de Victor Laszlo, un membre de la Résistance.
Ce dernier est accompagné par sa femme, Ilsa (Ingrid Bergman). Par le passé, Rick et Ilsa ont entretenu une relation passionnée.

Les nazis font pression auprès de Rick. Celui-ci doit livrer Victor. A partir de ces différents éléments, Michael Curtiz décrit un héros principal particulièrement complexe.

D'un côté, Rick aimerait renouer les liens d'amour avec son ancienne conquête.
De l'autre, Rick est un homme épris de justice et de liberté. Clairement, il n'a aucune sympathie envers les nazis.

Envers et contre tout, il décide de servir la cause de Laszlo, et ce, au prix de son amour, voire même de sa propre liberté et même de sa propre vie.
Voilà ce qui constitue la trame de ce drame souvent bouleversant, servi par de magnifiques acteurs et par une photographie en clairs obscurs, se focalisant sur les visages de ses principaux protagonistes.

Enfin, le duo Humphrey Bogart/Ingrid Bergman fonctionne à merveille. Humphrey Bogart dégage un vrai magnétisme et un véritable charisme dans ce film.
Même chose pour Ingrid Bergman, tout simplement magnifique, la caméra de Curtiz se concentrant également sur la beauté envoûtante de l'actrice.
Bref, comme je l'ai déjà souligné, le succès de Casablanca n'a rien du hasard. Par

ailleurs, le film recevra trois oscars.
C'est entièrement mérité !

Note: 19/20

Casino

L'histoire: Années 70. Ace Rothstein est un magnat des casinos de Las Vegas, occupant des postes dans la Mafia. Quant à son ami, Nicky Santoro, ce dernier va s'enfermer dans une spirale criminelle...

La critique:
Ce n'est pas la première fois que Martin Scorsese réunit Robert de Niro et Joe Pesci dans le même film. Par le passé, les deux interprètes s'étaient déjà retrouvés dans Les Affranchis et Raging Bull.

Quant à Robert de Niro, il fait partie des acteurs fétiches du cinéaste: Taxi Driver, Mean Streets, New York New York, pour ne citer que ceux-là... C'est grâce à Martin Scorsese que De Niro a connu la gloire et ses meilleurs rôles au cinéma. Encore une fois, avec Casino, réalisé en 1994, l'acteur trouve un personnage à sa mesure, Sam Rothstein, le directeur d'un hôtel-casino de Las Vegas.

En dehors de Robert de Niro et de Joe Pesci, le film réunit également Sharon Stone, James Woods, Don Rickles et Kevin Pollack.

Casino reste la huitième et dernière collaboration entre De Niro et Martin Scorsese. Le film est basé sur l'ouvrage de Nicholas Pileggi et s'inspire de l'histoire vraie de Rick Rosenthal, le propriétaire de plusieurs casinos à Las Vegas.
Pour l'anecdote, plusieurs actrices seront envisagées pour incarner Ginger: Kim Basinger, Madonna ou encore Nicole Kidman.

Toutefois, c'est Sharon Stone qui est retenue. L'actrice ressort du succès de Basic Instinct. Elle trouve ici son meilleur rôle au cinéma et incarne l'épouse (peu fidèle) de Sam Rothstein (Robert de Niro).

Pour le reste, difficile de ranger Casino dans un genre particulier. Certes, il s'agit d'un film de mafia, obéissant à des codes précis.
Toutefois, la première partie du film est quasi documentaire. Martin Scorsese nous présente l'univers du casino, un monde régi par le fric, la gagne, les dettes, les coups fourrés, la surveillance et une organisation hiérarchique déterminée.

Dans cet univers festif, tout est contrôlé jusqu'au moindre détail: du petit serveur sans envergure jusqu'aux gros bras en passant par les petites frappes, qui cherchent évidemment à trouver la faille des établissements.

Sam Rothstein est le prototype même du directeur suspicieux, ambitieux et paranoïaque. Rien ne lui échappe. Ce qui lui vaut de s'attirer les soucis du shérif de la ville.

Ce dernier va très vite fourrer le nez dans les affaires illicites de Rothstein. Ce dernier a deux points faibles. Le premier: sa femme, Ginger, totalement incontrôlable et droguée notoire. Le deuxième, et pas des moindres: Nicky Santoro (Joe Pesci), l'ami d'enfance de Sam, et fidèle second, qui ne va pas tarder à choisir la voie du crime et de la vengeance expéditive. En ce sens, Casino s'apparente également à un film noir et à un western, avec son lot de règlements de compte.

Pour se faire entendre, Nicky n'hésite pas à tabasser les concurrents et à les enterrer vivants. Il paiera très cher le prix de son arrogance.

En résumé, Nicky Santoro est un psychopathe totalement ingérable, au grand regret de Sam. D'ailleurs, Martin Scorsese marque clairement l'opposition entre ces deux personnages. Là où Sam se veut plus posé et réfléchi, Nicky se montre excessif, violent et jamais satisfait par le pognon qu'il accumule dans ses propres tiroirs.

En même temps, cette dualité entre Sam et Nicky est révélatrice de ce qu'est Las Vegas, qui apparaît à la fois comme la ville du rêve et une cité régie par la violence. Ce paradoxe est sans cesse souligné par la caméra de Scorsese, qui signe probablement l'un de ses meilleurs films. En tout cas, Casino reste l'un de ses films les plus ambitieux. Martin Scorsese réalise une fresque épique de près de trois heures de bobine. Un classique du cinéma, tout simplement !

Note: 19/20

Casino Royale

L'histoire: Après 2 missions assassines, James Bond est promu double zéro au MI6. Lors d'une mission, il trouve un numéro curieux dans le téléphone d'un poseur de bombes. Ce dernier va le mener au Chiffre, banquier véreux utilisant l'argent de ses clients pour jouer au poker. Bond devra l'affronter lors d'une partie au Casino Royale de Monténégro...

La critique :

Pas facile de passer après Pierce Brosnan ! Certes, aux yeux des fans de l'agent 007, Pierce Brosnan semblait irremplaçable.
D'ailleurs, l'annonce de Daniel Craig pour prendre la relève a fait grincer des dents, déclenchant une véritable polémique sur la Toile.

En même temps, avant que le choix ne se porte sur Daniel Craig, les producteurs proposeront le rôle à plusieurs acteurs: Ewan McGregor, Sam Worthington, Hugh Jackman ou encore Henry Cavill.

Le pari de ce nouveau James Bond, donc Casino Royale, réalisé par Martin Campbell en 2006, est loin d'être gagné.

L'air de rien, Casino Royale est le 21ème film de la série, en sachant que trois films sont considérés comme des épisodes à part dans la franchise: Casino Royale (la version de 1957 et celle de 1967) et Jamais Plus Jamais.
Avec Casino Royale, le but est de revenir sur les jeunes années de James Bond, à savoir ses débuts en tant qu'agent secret.

Casino Royale est donc le premier film d'une trilogie sur la jeunesse de 007. Il est temps désormais de donner un nouveau souffle à la série, d'autant plus que le dernier épisode en date, à savoir Meurs Un Autre Jour, s'est révélé plutôt médiocre (pour être gentil).

Finis les gadgets ! Certains personnages récurrents de la saga ne sont donc pas présents dans Casino Royale. C'est le cas par exemple de Q et de Monneypenny.

Ce qui n'est pas du goût des fans de la franchise, certains criant carrément au scandale. Pourtant, au moment de sa sortie, Casino Royale rencontrera un vif succès public et critique. Mieux encore, les fans sceptiques révisent leur jugement et parlent même du meilleur épisode de la série depuis belle lurette.

En dehors de Daniel Craig, Casino Royale réunit également Eva Green, Mads Mikkelsen, Judi Dench, Jeffrey Wight et Isaac de Bankolé.

En vérité, la grande réussite de ce 21ème épisode réside dans sa capacité à rompre avec le reste de la saga, tout en respectant les codes essentiels.

Enfin, James Bond apparaît comme un personnage humain, sensible et attachant. On comprend mieux alors ses rapports avec les femmes et sa psychologie, mise à rude épreuve dans le film.

Plus que jamais, James Bond apparaît comme un personnage torturé, parfois naïf voire un peu maladroit. Martin Campbell casse complètement l'image du plus célèbre des agents secrets. La formule est franchement casse-gueule mais terriblement insolente. Pourtant, la recette fonctionne à merveille.

En même temps, Casino Royale peut s'appuyer sur l'excellente prestation de Daniel Craig, franchement bluffant dans la peau de Bond.
C'est sans aucun doute le meilleur interprète de la franchise depuis Sean Connery, et ce, en l'espace d'un seul film !

Ce qui tient quasiment du petit miracle. Certes, les séquences d'action sont plutôt rares mais elles sont suffisamment impressionnantes pour retenir l'attention.
James Bond apparaît comme un agent vulnérable, manipulé presque tout le long du film. Quant à Eva Green, elle est sans aucun doute la meilleure James Bond Girl de la série, irradiant la caméra jusqu'à la tragédie à venir.

Bref, un excellent cru de la série qui annonce une nouvelle trilogie de qualité (Casino Royale sera suivi par Quantum of Solace et SkyFall).

Note: 16.5/20

Le Cercle des Poètes Disparus
Genre: drame
Durée: 2h10
Année: 1990

L'histoire: Todd Anderson, un garçon timide, est envoyé dans l'Académie de Welton, réputée pour être l'une des plus austères des Etats-Unis. C'est dans cette université qu'il fait la rencontre de Monsieur Keating, un professeur qui va l'encourager à refuser l'ordre établi.

La critique :
C'est avec le Cercle des Poètes Disparus que Peter Weir connaîtra enfin la gloire et la reconnaissance, ainsi qu'un succès à la fois public et critique.

D'ailleurs, ce long-métrage remportera l'Oscar du meilleur scénario et le César du meilleur film étranger en 1990.

Attention, SPOILERS ! Todd Anderson, un étudiant, est admis dans la prestigieuse université de Welton aux Etats-Unis, réputée pour sa sévérité et son extrême rigueur.
Une fois sur place, le jeune garçon sympathise avec d'autres camarades. Toutefois, Todd va bientôt être bouleversé par une rencontre inattendue, celle de Mr Keating, un professeur de littérature qui lui enseigne la poésie.

Le professeur a recours à des méthodes novatrices et en totale contradiction avec les valeurs de l'Académie de Welton.

Ce professeur va profondément marquer les convictions de l'ensemble des étudiants, plus particulièrement, Todd Anderson et Neil Perry.
Le film de Peter Weir prend alors une tournure complexe à travers différents enjeux, et tourne essentiellement autour de ces deux étudiants.

Todd est un garçon complexé, timide mais au potentiel énorme. Potentiel qui sera révélé par le professeur Keating lors d'une incroyable séance de poésie improvisée. On devine également un jeune homme en froid avec ses parents.

Et puis, il y a Neil Perry, un garçon talentueux passionné de théâtre, mais opposé aux décisions de son père, qui a déjà décidé de sa future carrière.
Evidemment, Neil sera marqué lui aussi par l'enseignement de Keating. C'est lui qui va créer le Cercle des Poètes Disparus.

A travers ce petit groupe, en contradiction (encore une fois) avec les valeurs de Welton, le jeune homme parle de poésie, de liberté, d'amitié, d'amour et surtout, de la vie. Neil est un personnage complexe, trahi par ses propres convictions et les espoirs de son père.

En un sens, le destin de ce jeune homme est une véritable tragédie shakespearienne, qui aura bien des conséquences sur les suites de l'histoire.
Je n'en dis pas plus...

A travers le portrait de quelques étudiants, Peter Weir dénonce un régime austère, typiquement WASP, et persuadé de ses grandes valeurs morales (à savoir le travail, la rigueur et la discipline) confrontées ici à un désir total de liberté.
Carpe Diem... Profite du jour présent... Telle est la morale d
u Cercle des Poètes Disparus, un superbe film porté par d'immenses acteurs: Robin Williams, Ethan Hawke, Robert Sean Leonard et Kurtwood Smith.

Note: 17.5/20

Le Cercle Rouge
Genre: policier, polar
Année: 1970
Durée: 2h20

L'histoire: Un truand marseillais, un détenu en cavale et un ancien policier mettent au point le hold-up du siècle. Le commissaire Mattei, de la brigade criminelle, leur rend une souricière.

La critique :
Comment ne pas éprouver une certaine tristesse devant cet immense film policier ? J'ai nommé Le Cercle Rouge, réalisé en 1970.
En effet, ce polar est à la fois l'avant dernier film de Jean-Pierre Melville et de Bourvil. Au niveau des acteurs, Le Cercle Rouge réunit également Alain Delon, Yves Montand, Gian Maria Volonte, François Périer, Paul Crochet, Paul Amiot, Pierre Collet et André Ekyan.

A la base, Jean-Pierre Melville voulait une distribution totalement différente et tenait absolument à avoir Lino Ventura, Paul Meurisse et Jean-Paul Belmondo.
Qu'à cela ne tienne, Le Cercle Rouge réunit des acteurs de prestige. D'ailleurs, Bourvil trouve ici un rôle inhabituel puisqu'il incarne un policier, le commissaire François Mattei. Souvent caricaturé à des personnages de comique, Bourvil livre une composition étonnante, d'autant plus que l'acteur était déjà très malade à l'époque, ses jours étant désormais comptés.

Le Cercle Rouge peut se targuer d'appartenir aux grands classiques du cinéma français. Mieux encore, ce polar se fera remarquer auprès de certains réalisateurs étrangers. C'est par exemple le cas de John Woo qui voulait signer un remake en 2006, mais le projet sera abandonné. La mise en scène reste le gros point fort de ce film ambitieux, à l'ambiance pesante voire déconcertante.

Par exemple, les sept premières minutes du film ne comportent aucune scène de dialogues. Même chose pour la séquence du vol de la bijouterie qui s'étale tout de même sur une durée de 25 minutes.

Pourtant, Le Cercle Rouge se concentre sur un quatuor de personnages solitaires qui partagent de nombreuses similitudes.

Par exemple, Corey (Alain Delon) est plaqué par sa petite amie à sa sortie de prison. Jansen (Yves Montand) est un ancien alcoolique en proie à de terribles hallucinations. Jean-Pierre Melville nous fait partager son supplice lors d'une séquence morbide avec des araignées, des rats et des serpents.

Quant au commissaire Mattei, c'est un être profondément attachant, probablement aussi seul que les criminels qu'il poursuit inlassablement.

Tous ces personnages ont des motivations différentes. Jean-Pierre Melville signe un polar plus complexe qu'il n'y paraît, les divers protagonistes étant reliés à un destin funeste et à une certaine fatalité, tel un cercle rouge se refermant inéluctablement sur eux. Plus que jamais, les héros du film ressemblent à des hommes tapis dans l'ombre et poursuivis par la fatalité. Bourvil reste le personnage le plus intéressant du film et vient voler la vedette à ses partenaires. Bref, un immense polar et l'un des meilleurs films français réalisés à ce jour. C'est dire sa qualité.

En quelques mots: un film totalement indispensable !

Note: 18/20

Certains l'Aiment Chaud

L'histoire : 1929. Deux musiciens au chômage tombent malheureusement sur un assassinat de gangsters. S'échappant in extremis, ils décident de se déguiser en femmes pour ne pas attirer l'attention de la mafia. Ils tombent dans un groupe de musique entièrement féminin auquel se trouve la très jolie Alouette...

La critique :

Plutôt que de vous évoquer les mille et une rumeurs sur la mort de la sublime Marilyn Monroe (dignes des magazines people), je préfère chroniquer un film mythique de l'actrice.

Billy Wilder avait déjà fait soulever sa jupe dans Sept ans de réflexion. Cette fois-ci, Marilyn Monroe se retrouve en compagnie de deux acteurs en vogue de l'époque: Tony Curtis et Jack Lemmon. Bienvenue dans Certains l'aiment chaud, réalisé en 1959 !

Pour le rôle de Lemmon, Frank Sinastra devait interpréter le rôle de Lemmon, mais l'acteur déclinera finalement l'invitation. Quant à Marilyn, elle fut préférée à Mitzi Gaynor.

Des bruits de couloir disaient également que l'actrice était très souvent en retard (ce qui n'était pas la première fois par ailleurs) et avait par moment des égarements.

Des propos venant de Tony Curtis et qui aurait démenti depuis. Le film sera un grand succès à l'époque et un des plus appréciés de l'actrice. Certains l'aiment chaud sera récompensé par l'Oscar des meilleurs costumes, le Bafta du meilleur acteur étranger pour Lemmon, les Golden Globes des meilleures comédies et acteurs comiques pour Lemmon et Monroe.

Un triomphe donc pour une comédie en avance sur son temps. Tout simplement, parce que les héros se travestissent en femmes. Une vraie sensation au moment de sa sortie !

Il est donc question ici d'homosexualité. D'ailleurs, Billy Wilder devra affronter la censure américaine (souvenons-nous de la polémique de Tant qu'il y aura des hommes) en jouant sur les sous-entendus plutôt que la vulgarité.

Le magnifique et hilarant monologue final : (" - Tu ne comprends pas Osgood, je suis un homme !

- Et bien, personne n'est parfait !") renforce encore plus cette ambigüité.
Outre l'aspect bisexuel bien moins stupide qu'il en a l'air, le film fait aussi beaucoup rire. Il n'y a qu'à voir le moment où Marilyn ne cesse d'embrasser Curtis (avec l'accent russe !) qui fait croire à un problème psychiatrique pour en avoir encore davantage !
Et ne parlons même pas de la drague opérée sur Lemmon par Joe E. Brown à base de pince-fesses et de tango !

Voilà quelques exemples de gags incontournables du long-métrage et il y en a beaucoup. Wilder rend aussi un hommage à l'époque de la prohibition avec l'alcool supprimé (Monroe manque de se faire virer pour une bouteille) et ses gangsters. D'ailleurs et au grand étonnement, on retrouve beaucoup de morts au compteur, ce qui s'avère assez étonnant dans une comédie.

Wilder peut évidemment compter sur des acteurs irréprochables: Lemmon et Curtis sont très drôles et Monroe a un charme fou.
D'ailleurs, c'est dans ce film qu'elle reprend la chanson phare de Betty Boop, I Wanna Be Loved By You. Culte !
Une comédie incontournable et un grand classique du cinéma.

Note: 20/20

Ces Garçons Qui Venaient du Brésil
Genre: thriller (interdit aux - 16 ans)
Durée: 2h05
Année: 1978

L'histoire: Barry Kohler, un jeune chasseur de nazis, repère le tristement célèbre docteur Mengele caché dans un coin reculé du Paraguay. Kohler apprend alors que Mengele prépare un étrange complot qui devrait permettre l'arrivée d'un "quatrième Reich" : ce plan implique l'assassinat de 94 hommes aux États-Unis, en Suède, en Allemagne... tous âgés de 65 ans et petits fonctionnaires... Kohler avertit Ezra Liberman, un fameux chasseur de nazis vivant à Vienne, mais, dans un premier temps, celui-ci refuse de l'écouter.

La critique :
Il serait presque inutile d'évoquer Franklin J. Schaffner, réalisateur de talent, à qui l'on doit plusieurs grands chefs d'oeuvre et classiques du cinéma. Au hasard, nous citerons Papillon, Patton et bien sûr la toute première version de La Planète des Singes, avec Charlton Heston.
Ces garçons qui venaient du Brésil, sorti en 1978, est un long-métrage beaucoup moins connu et/ou cité dans la filmographie du cinéaste. Pourtant, cette petite rareté possède un sujet fort et pour le moins polémique, puisqu'il évoque le retour du nazisme.

Ces garçons qui venaient du Brésil est aussi l'adaptation d'un roman éponyme d'Ira Levin. Ce film oscille entre science-fiction, thriller et enquête policière. Il s'inscrit également dans la vague des films pessimistes et d'anticipation qui sortiront dans les années 70, tels que Soleil Vert ou encore La Planète des Singes (que j'ai déjà cité).
Ce long-métrage peut s'appuyer sur une distribution de prestige: Gregory Peck, Laurence Olivier, James Mason, Denholm Elliot, Lilli Palmer, Uta Hagen, Steve Guttenberg, Walter Gotel et Bruno Ganz font partie du casting.

Difficile de ranger Ces Garçons qui venaient du Brésil dans une catégorie particulière. Certes, comme je l'ai déjà précisé, le long-métrage peut se voir comme un récit de science-fiction particulièrement terrifiant. Pourtant, au niveau de la forme, il ressemble à la fois à un thriller, à un récit d'espionnage et à une enquête policière. Le scénario s'inspire largement de la véritable traque menée par Simon Wiesenthal, le célèbre chasseur de nazis.

Le script s'appuie également sur les nombreuses rumeurs qui ont entouré la mort d'Hitler et donc celle du IIIe Reich. Le scénario repose donc sur l'actualité internationale de l'époque.

Dans les années 70, on recherche encore d'anciens tortionnaires nazis qui se seraient réfugiés en Amérique du Sud. La Bolivie, l'Argentine ou encore le Paraguay apparaissent comme des terres promises pour les "nazillards". Le IIIe Reich pourrait-il renaître de ses cendres ?

Ensuite, pourrait-il profiter de la technologie actuelle ? Telles sont les questions posées par le film de Schaffner. Inutile de préciser que le film est particulièrement terrifiant et qu'il fait froid dans le dos.

Avec un tel sujet, le réalisateur critique évidemment les dangers de la génétique. Attention, SPOILERS ! A Vienne, en Autriche, à la veille des années 1980. Ezra Lieberman est un célèbre chasseur de nazis qui vit avec sa soeur dans un vieil appartement.

Il reçoit un jour l'appel d'un jeune juif, Barry Kohler, en provenance du Paraguay. Ce dernier a retrouvé la trace de nombreux officiers nazis et pense qu'un complot se prépare. Malgré les recommandations de Lieberman qui lui suggère vivement de quitter le pays pour sa propre sécurité, Kohler décide d'en savoir plus. Après avoir découvert la villa où se tiendra une réunion secrète, il soudoie un jeune domestique afin d'y placer un micro. Le stratagème fonctionne.

Le chef de cette conspiration n'est autre que Josef Mengele, ancien médecin du camp d'extermination d'Auschwitz pendant la Seconde Guerre Mondiale. Mengele décrit à ses comparses le projet d'assassinat dans les deux ans de 94 fonctionnaires à travers le monde.

Tous ont pour point commun d'être pères de famille, sexagénaires et d'avoir une épouse beaucoup plus jeune qu'eux. Ces assassinats doivent passer pour des accidents. Pendant que le jeune Barry enregistre la conversation, le micro est découvert. Barry s'enfuit, rejoint son hôtel, téléphone à Lierberman et lui fait écouter la cassette juste avant d'être assassiné.

Le vieil Ezra Lieberman, d'abord dubitatif, va mener son enquête. Grâce aux nombreux articles de presse que lui transmet un ami reporter, il rend visite aux veuves dont le mari sexagénaire a subitement perdu la vie. Quel n'est pas son étonnement lorsqu'il rencontre, à des milliers de kilomètres d'intervalle, les fils de ces malheureux : ils se ressemblent trait pour trait et ont tous été adoptés.

Alors que les meurtres se poursuivent, la curiosité et surtout la notoriété de Lieberman affolent les commanditaires. Ils stoppent le projet contre l'avis de Mengele. Le chasseur de nazis découvre néanmoins la vérité : ces jeunes garçons éparpillés en Amérique et en Europe sont les clones d'Adolf Hitler. Le but est d'établir, à terme, le IVe Reich.

Curieux que ce superbe film soit aussi méconnu ! Certes, les trois principaux interprètes, donc Laurence Olivier, Gregory Peck et James Mason, ne sont pas forcément habitués à jouer dans des films avec une consonance fantastique.

Pourtant, les trois interprètes sont franchement excellents. Par exemple, Gregory Peck est tout simplement terrifiant dans le rôle de Josef Mengele, hélas tristement célèbre pour avoir sévi en tant que médecin criminel dans le camp d'Auschwitz. Il est donc bien question ici d'expériences scientifiques qui doivent servir des fins criminelles, à savoir le retour de la race aryenne.

Encore une fois, Ces garçons qui venaient du Brésil aborde un sujet sensible et difficile. Le scénario est particulièrement ambitieux mais traité avec un sérieux exemplaire. Dans son genre, le film de Schaffner est tout simplement une grande réussite !

Toutefois, ce n'est pas le tout premier film à évoquer ce genre d'expériences scientifiques. En 1963, des soldats nazis redonnaient la vie à la tête d'Adolf Hitler dans Mad Men from Mandoras. Bien que très sérieux dans sa tonalité, Ces garçons qui venaient du Brésil fait preuve aussi d'un certain humour noir. En vérité, Schaffner a conscience d'aborder un sujet complètement fou mais néanmoins terrifiant. Ensuite, n'oublions pas que les nazis avaient élaboré des projets plutôt étranges et tenant de la folie pure et criminelle. A ce titre, comment ne pas évoquer les expériences médicales menées sur des juifs dans les camps de la mort ? Ainsi, Schaffner rappelle également l'importance de l'Histoire et du Travail de Mémoire. Bref, un très grand film !

Note: 17/20

César et Rosalie
Genre : Comédie Dramatique
Année : 1972
Durée : 1h50

L'histoire : Deux hommes, qui se disputent la même femme finissent par devenir amis. Cette dernière supporte difficilement de voir leur rivalité se transformer en amitié.

La critique :
Réalisé au début des années 70, César Et Rosalie fait partie des oeuvres de la période faste de Claude Sautet, au même titre que Max Et Les Ferrailleurs ou Vincent, François, Paul Et Les Autres.

Cela fait alors huit ans que le metteur en scène tente de monter le projet, mais, à l'époque, aucun producteur n'est prêt à tenter l'aventure.
Claude Sautet passera par une période de doute et songera même à réécrire le scénario, avant que son coscénariste ne l'en dissuade.

Au niveau du casting, c'est d'abord Catherine Deneuve qui est envisagée pour interpréter le rôle de Rosalie et Vittorio Gasman dans la peau de César.
Mais la première tarde à s'engager tandis que le second ne convient pas au personnage, pas plus que Gérard Depardieu, envisagé pour jouer David.

Un jour, Claude Sautet croise Yves Montand et découvre la fantaisie de l'acteur. Il décide alors de l'engager pour incarner César, tandis que sa partenaire féminine sera finalement Romy Schneider, alors égérie du réalisateur avec qui elle avait déjà tourné Les Choses De la Vie ainsi que Max Et les Ferrailleurs.
Quant au personnage de David, il est finalement incarné par Sami Frey, mais Claude Sautet promettra un rôle à Gérard Depardieu dans son projet suivant, promesse qu'il honorera deux ans plus tard.

Enfin, Michel Piccoli effectue une courte participation puisque c'est lui qui assure la voix off dans la scène finale. On remarque également la participation dans un second rôle d'un jeune débutant du nom de Bernard Le Coq, surtout connu pour son rôle dans la série Une Famille Formidable.

Pour l'anecdote, le tournage de César Et Rosalie ne se déroulera pas franchement dans une ambiance sereine, puisque dès le premier jour, une engueulade éclatera entre Claude Sautet et Yves Montand rendant par la suite le climat glaciale.

Fidèle à son habitude, le réalisateur signe une oeuvre avant tout portée par des personnages forts, pris au piège d'un triangle amoureux. Il y a César, riche industriel sûr de lui et de son bonheur, un homme narcissique qui cache son manque de confiance derrière son attitude extravagante. Vient ensuite sa compagne, Rosalie, femme dont la beauté est synonyme de liberté et qui n'a jamais pu vivre sans être avec un homme, dont elle a changé plusieurs fois. Enfin, il y a David, jeune peintre un peu aventurier, un caractère libre tout comme Rosalie, dont il a été le premier amour et qu'il aime toujours.

Tout commence à l'occasion d'un mariage, celui de la mère de Rosalie où David se trouve invité par cette dernière. Cela fait des années que les deux anciens amants ne se sont pas vus, mais, dès le premier regard, David comprend que ses sentiments d'autrefois sont toujours là, ce qu'il confie en tout innocence à César, complètement déstabilisé par cet aveu. Son rival est bien revenu pour elle et compte la récupérer.

Dès lors, l'existence tranquille de l'industriel bascule. Il devient jaloux et possessif et se persuade que sa compagne est repartie avec son amour d'autrefois. De son coté, Rosalie est toujours amoureuse de David et ne lui résiste pas longtemps.
Fou de douleur et totalement impuissant devant cette situation, César ira jusqu'à commettre des actes stupides, qui ne feront que pousser un peu plus la jeune femme dans les bras de son ancien amour, comme quand il tente de faire croire à David que Rosalie est enceinte pour qu'il renonce à elle.

Le soir même, apprenant toute l'histoire, la jeune femme quittera César qui, par vengeance, détruira l'atelier de travail de David.

Mais, l'imbroglio amoureux est loin de s'arrêter là, car César n'est pas prêt à renoncer à Rosalie, tout comme David, et la jeune femme est incapable de faire un choix entre les deux hommes.

Dès les premières minutes du long métrage, une évidence s'impose, Claude Sautet a visé juste avec son casting. Yves Montand est tout simplement parfait et son jeu outrancier colle parfaitement au personnage, tout comme Sami Frey, dont le calme cache une grande détermination. Quant à Romy Schneider, elle est parfaite dans la peau de cette mère de famille, désirée par deux hommes.

Considéré à juste titre comme un classique du cinéma, César Et Rosalie est également un très grand cru de Claude Sautet, une histoire d'amour magnifiquement traité et un très joli portrait de femme, le tout dans un long métrage aux personnages forts auxquels on s'identifie facilement. Bref, un très grand long métrage, essentiel à connaître pour tout cinéphile qui se respecte.

Note : 19/20

C'est Arrivé Près de Chez Vous
Genre: thriller, documenteur (interdit aux - 12 ans)
Année: 1992
Durée: 1h15

L'histoire: Une équipe de journalistes suit Ben, un tueur, qui s'attaque surtout aux personnes âgées et aux personnes de la classe moyenne. Peu à peu, les journalistes vont prendre part aux crimes de Ben.

La critique :

C'est Arrivé près de chez vous, réalisé par Rémy Belvaux, sera présenté en 1992 à Cannes, en même temps que Reservoir Dogs, de Quentin Tarantino, et constituera le choc du Festival. Pour l'anecdote, le comité de la censure demandera à ce que l'affiche du film soit modifiée.

A la base, l'affiche montrait un Benoît Poelvoorde en train de tirer sur une tétine, mais l'objet sera remplacé par la suite par un dentier.

Vous l'avez donc compris: C'est arrivé près de chez vous est un film scandale qui fera largement la polémique.

C'est aussi le premier et le meilleur film avec Benoît Poelvoorde, qui se fera largement connaître par le biais de ce documenteur, aux allures de thriller. C'est arrivé près de chez vous n'est ni plus ni moins qu'un film culte.

Le scénario est de facture classique. Ben est un tueur à gages qui sévit en Belgique. Une équipe de télévision décide de suivre ses activités via une caméra. Mais très vite, les journalistes deviennent les complices de Ben et commettent plusieurs meurtres. Au niveau de la mise en scène, Rémy Belvaux choisit le concept de la caméra à l'épaule, le but étant de faire croire au véritable documentaire, laissant ainsi le spectateur juge des événements auxquels il assiste.

Via ce procédé, Rémy Belvaux cherche à interpeller le public sur la télévision et les médias actuels, de plus en plus voyeuristes.

En un sens, C'est Arrivé près de chez vous annonce toutes ces émissions de téléréalité à venir. Par certains côtés, on pense évidemment à Strip-Tease, mais aussi à des émissions plus glauques, notamment Confessions Intimes. Jusqu'à quel point la télévision peut-elle sombrer dans le sordide ?

Telle est la question posée par Rémy Belvaux. Pourtant, le cinéaste évite de juger son protagoniste principal, donc Ben (Benoît Poelvoorde).

Toutefois, au niveau des séquences chocs, mélangeant habilement horreur, massacres et humour noir, le réalisateur délivre largement la marchandise. A ce sujet, le film contient de nombreuses répliques cultes:

-"Ça ne vous rappelle rien ? Le Vieux Fusil, Philippe Noiret. Bon film, ça..."
- "Je chiais la nuit, je chiais le jour ! Je chiais partout, je chiais toujours !"
— "Ah, les saligauds ! Un veilleur de nuit noir. Si c'est pas un coup dans le dos, ça. C'est dégoûtant. Ils se croient tout permis ces gens-là".

Et je ne parle même pas du cocktail Petit Grégory ou encore de la façon dont Poelvoorde noie ses cadavres (le tueur nous fera une long monologue sur les nains et leurs caractéristiques physiques).
Bref, C'est Arrivé Près de chez Vous s'adresse à un public particulièrement averti. C'est probablement l'un des tous meilleurs films des années 1990. Après, cet OFNI (objet filmique non identifié) ne plaira pas à tout le monde...

Note: 17.5/20

La Chair et le Sang

Genre: aventure (interdit aux - 12 ans)
Année: 1985
Durée: 2h05

L'histoire: Au XVIème siècle, une bande de mercenaires, s'estimant lésés par un seigneur, enlève et viole la promise de son fils avant de semer la terreur dans son château.

La critique :

C'est avec La Chair et le Sang, réalisé en 1985, que Paul Verhoeven se fera connaître en dehors des frontières néerlandaises.

En un sens, La Chair et le Sang préfigure les futures productions du cinéaste. Au niveau de la distribution, le film réunit Rutger Hauer,

Jennifer Jason Leigh, Tom Burlinson, Jack Thompson et Brion James.

A l'époque, Paul Verhoeven est banni de son pays à cause de ses productions ultra violentes. Pourtant, le réalisateur se veut toujours aussi insolent et signe un film d'aventure particulièrement sanglant.

Etonnant que La Chair et le Sang ne soit interdit qu'aux moins de 16 ans... En effet, le film est tout de même très violent. Avant toute chose, il est nécessaire de rappeler l'histoire.

Attention, SPOILERS ! En 1501, le brigand Martin combat pour le comte Arnolfini avec l'aide de sa troupe d'amis et voleurs.

Le comte leur promet un contrôle total sur les richesses de la ville, si bien sûr la victoire est assurée. Chose faite mais non due, le comte se retire et éloigne Martin et ses camarades. Fou de rage par cette traîtrise et la mort de son enfant, Martin attaque un convoi transportant la jolie Agnès, qui doit bientôt se marier avec le fils d'Arnolfini, le savant Stephen. Violée, Agnès tente par tous les moyens de gagner l'amour de Martin, menant ses compagnons de galère dans un château dont ils chassent les occupants. Mais dehors, Stephen, Arnolfini et son armée attendent...

Certes, La Chair et le Sang est encore marqué par le sceau du Moyen-Âge, mais le film se situe plutôt pendant la période de la Renaissance.

Ici, le film met à rude épreuve le personnage d'Agnès, interprétée par la jeune Jennifer Jason Leigh, dont c'est le tout premier rôle au cinéma.

Totalement investie dans son rôle, la belle actrice n'est pas épargnée par Paul Verhoeven. La séquence du viol est tout simplement insoutenable.

C'est également ce personnage féminin qui va jouer un rôle prépondérant dans le film: elle divise le clan mené par Martin (Rutger Hauer) et les entraîne dans un château maudit. La peste ne tarde pas à faire quelques victimes.

Ensuite, son futur époux, Stephen ne tarde pas à accomplir une terrible vengeance. Tous les personnages du film sont donc des anti-héros, des personnalités psychopathes, des illuminés ou encore des barbares.

Pourtant, contre toute attente, Paul Verhoeven parvient à rendre certains protagonistes attachants. C'est par exemple le cas de Martin.
Sur ce dernier point, Paul Verhoeven retrouve l'un de ses acteurs fétiches, Rutger Hauer qu'il a déjà fait tourner dans Turkish Delices.

Certes, le film de Verhoeven ne lésine pas sur les séquences violentes et éprouvantes. Toutefois, La Chair et le Sang ne se résume pas uniquement à un film barbare. On note ici et là quelques séquences romantiques.

Ensuite, il ne faudrait pas oublier la mise en scène de Paul Verhoeven. Les séquences de bataille sont tout simplement des modèles du genre, sans compter la superbe bande originale, composée par Basile Poledouris.
Bref, un film incontournable mais très violent du réalisateur hollandais.

Note: 17/20

Chantons Sous la Pluie
Genre: comédie musicale
Année: 1952
Durée: 1h45

L'histoire: Don Lockwood et Lina Lemont sont le couple star du moment à Hollywood. Mais lorsque le parlant arrive, la voix de crécelle de Lina menace la carrière du duo.

La critique :
Inutile de le préciser, mais Chantons sous la Pluie, une comédie musicale réalisée par le duo Stanley Donen/Gene Kelly en 1952, fait partie des grands classiques du cinéma américain. Certes, dans ce film musical, la joie et la bonne humeur sont au rendez-vous. Pourtant, le tournage sera éprouvant pour les interprètes du film.

Gene Kelly est à la fois devant et derrière la caméra et l'acteur-réalisateur se montre intransigeant avec le reste du casting.

Par exemple, Gene Kelly impose le choix de Debbie Reynolds, qui ne sait pas chanter, aux producteurs. Pire encore, l'actrice doit subir un entraînement intensif de huit heures par jour pendant trois mois.

Debbie Reynolds ressortira du tournage littéralement épuisée mais sera aidée par Fred Astaire pour les leçons de danse.

Pour le reste, Chantons sous la Pluie a recours à la technique de la mise en abyme (film dans le film) en reprenant un extrait des Trois Mousquetaires, réalisé par George

Sidney en 1948. En dehors de Gene Kelly et de Debbie Reynolds, cette comédie musicale réunit également Donald O'Connor, Jean Hagen et Millard Mitchell.

Gare à l'arrivée du cinéma parlant, semblent nous dire Gene Kelly et Stanley Donen ! A l'époque, le cinéma parlant inquiète sérieusement quelques stars du moment, notamment un certain Buster Keaton.

Dans Chantons sous la Pluie, les jours du cinéma muet semblent désormais comptés. C'est d'ailleurs ce qui inquiète Don Lockwood et Lina Lemont, un couple qui triomphe à Hollywood. Qu'à cela ne tienne, le célèbre duo a bien l'intention de s'adapter à la nouvelle tendance du moment, en tournant eux aussi un film parlant, notamment un film de cape et d'épée.

Hélas, la voix de Lina ne convient pas au format du long métrage. Le film de cape et d'épée se transforme alors en comédie musicale.

Sur ce dernier point, Chantons sous la Pluie contient plusieurs séquences d'anthologie. A ce sujet, comment ne pas citer le numéro de Gene Kelly, ce dernier sautant presque à travers les murs et composant quelques parties de claquettes pour l'occasion ? Même remarque pour la scène mettant en vedette Donald O'Connor et la célèbre chanson Singin' in the Rain.

Pourtant, à la base, je dois l'avouer, je ne suis pas du tout un amateur de comédie musicale. Mais là, difficile de ne pas se laisser transporter par ce film romantique, poétique et véritable hommage au septième art.

D'ailleurs, ce n'est pas un hasard, Chantons sous la Pluie est le film préféré de Woody Allen, qui réalisera Tout le Monde Dit I Love You en faisant largement référence à ce long métrage essentiel.

Note: 17/20

La Chevauchée Fantastique

Genre : Western
Année : 1939
Durée : 1H37

L'histoire : En 1885, en Arizona, les indiens sont sur le sentier de la guerre. Un groupe est alors évacué dans une diligence. Parmi eux un joueur, un représentant en whisky, une femme enceinte, un médecin ivrogne, un banquier escroc, une prostituée et un hors la loi.

La critique :
Attention chef d'oeuvre, La Chevauchée Fantastique de John Ford réalisé en 1939. Ici l'expression « mille fois imité, jamais égalé» convient parfaitement. Il faut dire que La Chevauchée Fantastique s'est imposé comme une date majeure dans l'histoire du cinéma.

Alors qu'à la fin des années 30, le western n'intéressait plus vraiment le grand public, John Ford a réussi à redonner un nouveau souffle au genre. Bien sûr, Ford était un habitué du genre, on lui devait entre autres le somptueux Cheval de Fer qui, en son temps, avait déjà révolutionné le septième art. Cependant il y a longtemps que le réalisateur des Raisins de la Colère n'a plus touché au western.
La Chevauchée Fantastique peut en quelque sorte se voir comme une sorte de conte de fées version western.

Attention SPOILERS ! En 1885, en Arizona, le camp de Tonto est menacé par les indiens. Plusieurs civils sont évacués par la diligence. Parmi eux, Hatfield un joueur professionnel, Peacock un représentant en whisky, Madame Mallory une femme enceinte, Boone un médecin ivrogne, Gatewood un banquier escroc et Dallas une prostituée.

A ce petit groupe, viendra s'ajouter le hors la loi Ringo Kid qui vient de s'évader de prison. La diligence va alors traverser le désert et subir les attaques d'indiens hostiles. Le scénario de La Chevauchée Fantastique est devenu très classique dans le genre. Pour information, il serait inspiré d'une nouvelle de Guy de Maupassant, Boule se Suif. Ici, Ford met en scène une sorte de huis clos, les personnages étant tous réunis dans une diligence, même si celle-ci se déplace à toute vitesse à travers le désert.

A partir de là, le réalisateur filme les interactions entre ses personnages tous issus de milieu différents. C'est donc là le point central du film, on peut ici voir chaque protagoniste évoluer par rapport à un autre. Le voyage à travers le désert est donc une métaphore du voyage intérieur qui permettra à chaque personnage de se découvrir.

Ces personnages deviendront par la suite les archétypes du western américain. En ce qui concerne le casting, on retrouve John Carradine, Claire Trevor, Thomas Mitchell, Donald Meek et bien sûr John Wayne. Ce dernier avait déjà fait ses premiers pas dans le genre avec le film de Raoul Walsh, La Piste des Géants. Suite à l'échec de ce film, il était cantonné à des rôles dans des productions de série B. Ce film marque donc la première collaboration entre l'acteur et le réalisateur.

Wayne a bien évidemment apporté son physique imposant au personnage de Ringo Kid et a imposé, dès ce film, sa silhouette comme l'archétype du cowboy américain. Outre le casting et le scénario, le film doit énormément à la réalisation de John Ford qui apparaît ici comme un disciple de David Griffith. Ford met magnifiquement en scène son décor le plus célèbre, Monument Valley. Autant dire qu'on reconnaît le coup d'oeil du réalisateur qui exploite magnifiquement bien son paysage. La Chevauchée Fantastique tire sa toute-puissance de ses images. Cadrages rigoureux et montage parfaitement maîtrisé. Comment ne pas citer la célèbre scène de l'attaque de la diligence ?

A sa sortie, le film fera un immense succès critique et public. Certes, la philosophie du film est très représentative de l'Amérique de Roosevelt et c'est sans doute aussi pour cela que le film marchera énormément. Mais plus que tout cela, on en retient un film magnifique et épique plein d'action et d'aventure, et qui se révèle beaucoup plus profond qu'il n'y paraît au premier abord.

Clairement la Chevauchée Fantastique a eu une énorme influence et pas seulement sur le western mais bien sur le cinéma en général. Souvent cité, le film fut aussi encensé par des réalisateurs tels qu'Orson Welles et Michelangelo Antonioni entre autres.

En bref un chef d'oeuvre du western et un film majeur dans l'histoire du cinéma, à voir absolument.

Note : 18,5/20

Les Chiens de Paille (1972)

Genre: thriller (interdit aux - 12 ans)
Année: 1972
Durée: 2 heures
L'histoire: Un professeur de mathématiques américain, David Sumner, s'installe dans une ferme isolée de Cornouailles, le pays natal de sa femme, Amy. Il engage quelques personnes du village pour réparer sa grange. Amy ne tarde pas à attirer les regards et les convoitises de Venner et sa bande.

La critique :

Indéniablement, Sam Peckinpah appartient à la catégorie des réalisateurs sous-estimés, la faute (ou plutôt le mérite... ça dépend du point de vue) à des films souvent anticonformistes.

La violence reste l'un des thèmes de prédilection du cinéaste. A ce sujet, comment ne pas évoquer le superbe La Horde Sauvage ?
En 1972, Sam Peckinpah poursuit les hostilités, avec un thriller, Les Chiens de Paille. Très vite, Sam Peckinpah plante son décor, la communauté de Cornouailles, puis, ses personnages, à savoir un jeune couple.

David Summer (Dustin Hoffman) est professeur de mathématiques et vient s'installer dans le village pour s'y reposer et travailler en toute tranquillité.
Sa femme, Amy, attire très vite les convoitises, notamment de la part de certains ouvriers venus réparer une grange.

Clairement, nos deux tourtereaux ne sont pas les bienvenus. Sam Peckinpah concentre alors sa caméra sur les hostilités en présence, le jeu des regards étant le point central du film. Alors qu'Amy attire tous les regards, seul son mari reste insensible à son charme.

David est probablement le personnage le plus déroutant du film, oscillant entre lâcheté et naïveté. C'est un personnage complexe.

Dans le rôle de ce mari peu attentif aux hostilités ambiantes (on pourrait presque parler d'aveuglément), Dustin Hoffman livre une prestation de folie.

En vérité, David apparaît comme l'étranger qui a enlevé son épouse du village. Evidemment, un tel retour va contribuer à créer un climat de vengeance.

A partir de là, la violence montera crescendo. Et la femme de David en subira les conséquences (je n'en dis pas plus...).

Parallèlement, le couple, en particulier, David, s'acharnera à défendre l'idiot du village, ce dernier ayant tué accidentellement une jeune femme.
C'est ce dernier élément qui va provoquer la transformation de David. D'un personnage qui se prétend pacifiste (et qui a donc horreur de la violence), David va se changer peu à peu en tueur redoutable, ce dernier n'hésitant pas à frapper sa femme et à massacrer ceux qui ont le malheur de s'attaquer à sa maison.

C'est donc ce long cheminement vers cette violence qui nous est exposé. Encore une fois, Sam Peckinpah focalise sa caméra sur David.
Moralité du film: la violence fait partie intégrante de la nature humaine. On ne peut pas la nier mais on peut éventuellement la canaliser.

Sam Peckinpah signe donc un thriller tendu, intelligent et d'une violence inouïe (surtout dans son propos, le réalisateur utilisant également quelques flashback saisissants). Un vrai classique du cinéma mais un film curieusement peu cité, le cinéma de Peckinpah déclenchant souvent la polémique.
Les Chiens de Paille n'échappe pas à la règle.

Note: 18.5/20

Chinatown

Genre: policier, polar (interdit aux - 12 ans)
Année: 1974
Durée: 2h10

L'histoire: Gittes, détective privé, reçoit la visite d'une fausse Madame Mulwray, qui lui demande de filer son mari, ingénieur des eaux à Los Angeles. Celui-ci est retrouvé mort, noyé. Gittes continue son enquête malgré les menaces de tueurs professionnels.

La critique :
Pour l'anecdote, Chinatown, réalisé par Roman Polanski et produit par Robert Evans en 1974, est le premier film du cinéaste à avoir été tourné aux Etats-Unis.

Au niveau du casting, Chinatown réunit Jack Nicholson, Faye Dunaway, John Huston, Perry Lopez, John Hillerman et Roman Polanski lui-même, ce dernier effectuant une apparition courte et remarquée. A l'époque, Roman Polanski sort de deux échecs consécutifs (Macbeth et Quoi ?).

Très impliqué sur le tournage et le projet du film, Jack Nicholson insiste pour que Roman Polanski réalise ce long-métrage.

Toutefois, le cinéaste exprimera quelques réticences puisque le tournage se déroulera à Los Angeles, donc, la ville où sa femme, Sharon Tate a été assassinée en 1969. A la base, c'est Jane Fonda qui devait interpréter le personnage d'Evelyne, mais cette dernière déclinera l'invitation et sera donc remplacée par Faye Dunaway.
D'ailleurs, Roman Polanski et Faye Dunaway se disputeront tout au long du tournage du film. C'est donc dans une ambiance tendue et hostile que se déroule le film. A la base, le script original devait se conclure par un happy end, mais Roman Polanski insistera pour que son film se termine par une fin tragique.

Le scénario de Chinatown est plutôt complexe et multiplie les intrigues parallèles, ainsi que les personnages secondaires.
Aussi sera-t-il nécessaire de suivre attentivement ce polar déroutant et porté par le talent de son acteur principal.

Attention, SPOILERS ! Dans les années 30, à Los Angeles, Madame Mulvray engage un détective privé, Jack Gittes, pour enquêter sur son mari, ingénieur des eaux de la ville et accusé d'adultère. Ce dernier est retrouvé mort, noyé.

La police croit au suicide mais Jack poursuit ses investigations.
Il découvre alors que celle qui l'a engagé n'est pas la vraie Madame Mulvray. Pire encore, des tueurs professionnels font pression sur lui.

Parallèlement, Jack tombe amoureux d'Evelyne Mulvray, la véritable femme de l'ingénieur. Au niveau de la tonalité, Roman Polanski hésite entre polar, histoire d'amour et thriller politique. Certes, le film est plutôt pauvre en action.
Pourtant, encore une fois, c'est le traitement qui fait la différence. Plus le film avance, plus l'atmosphère est tendue.

L'eau est au coeur du récit et son approvisionnement apparaît comme un enjeu important, incluant de grandes personnalités politiques.

La corruption fait donc partie du paysage américain, en pleine mutation à l'époque. La caméra de Polanski se concentre presque exclusivement sur le point de vue de son héros principal, donc Jack Gittes, qui croit pouvoir démanteler un nouveau scandale politique. La conclusion finale aura le malheur de le ramener à la triste réalité.
Bref, un excellent film qui a bien mérité son statut de classique du cinéma.

Note: 18/20

Le Choc des Titans (1981)

L'histoire: Pour avoir donné un enfant à Zeus, le roi d'Argos bannit sa femme et le bébé. Furieux, Zeus fait détruire, par les eaux. Des années plus tard, Persée est devenu un homme et compte protégé Andromède, son amour, de la déesse Thétis, prête à tout pour que son fils, Acrisios, finisse avec la jeune femme...

La critique :

Attention, film culte ! J'ai nommé le Choc des Titans, réalisé par Desmond Davis en 1981. Suite au succès de certaines productions fantastiques comme le 7ème Voyage de Sinbad et Jason et les Argonautes, Hollywood veut réaliser une grosse production digne de nom, et fait à nouveau appel à Ray Harryhausen pour signer les effets spéciaux.

Toutefois, le Choc des Titans version 1981 ne se résume pas qu'à une galerie d'effets spéciaux et de monstres impressionnants.

Le scénario reprend la mythologie et l'histoire de Persée dans ses grandes lignes: de son enfance à son long apprentissage de guerrier, jusqu'à son destin, façonné par une terrible malédiction.

Attention, SPOILERS ! Persée, fils de Zeus et de Danaé, s'éprend de la princesse Andromède. Mais leur amour est contrarié par une malédiction que fait peser sur elle son ancien prétendant, Calibos, rendu laid et difforme par Zeus.

Tous ceux qui voudront épouser Andromède devront d'abord, sous peine de mort, être capables de répondre à une énigme élaborée par Calibos : jusqu'ici, personne n'a su relever ce défi morbide...

Qu'à cela ne tienne, Persée a bien l'intention de défier la puissance des dieux et de braver mille dangers pour réaliser l'impossible.

Pour cela, il devra faire preuve de malice, affronter des sorcières démoniaques et cannibales, combattre le cerbère, et surtout, trancher la tête de Méduse, une créature capable de changer ses victimes en statues de pierres.

Pour franchir toutes ces épreuves, Persée devra faire appel à son courage mais aussi faire appel aux Dieux.

Ainsi, Persée se verra doter d'une épée, d'un casque lui permettant de se rendre invisible et d'un bouclier aux pouvoirs magiques.
Ensuite, Pégase, le cheval ailé, sera lui aussi un allié précieux.

Au niveau du casting, le film bénéficie d'acteurs de qualité: Harry Hamlin, Ursula Andress, Laurence Olivier, Claire Bloom et Burgess Meredith.
Quant au scénario, il est respectueux de la mythologie de Persée, le film insistant largement sur certains personnages hauts en couleurs.

Ensuite, la personnalité des dieux en présence reste intéressante, ces personnages divins pouvant se montrer à la fois cruels et généreux.

Tout dépend des circonstances, mais le film les rend définitivement humains.
La réalisation de Desmond Davis permet également à Ray Harryhausen d'exprimer tout son talent, et de mettre en valeur les créatures de service.
La séquence se déroulant dans la tanière de la Méduse, est un modèle du genre. Un grand soin a été apporté aux effets spéciaux, ainsi qu'aux scènes de bataille contre certains monstres antiques.

Par exemple, comment ne pas évoquer le combat contre des scorpions géants ? On sent immédiatement le génie de Ray Harryhausen, ce dernier apportant une véritable présence et/ou personnalité aux créatures de service.
En résulte un classique du genre fantastique et une référence incontournable, qui

connaîtra malheureusement un remake tristounet, standardisé et hollywoodien en 2010.

Note: 16.5/20

La Chose d'Un Autre Monde
Genre: épouvante, horreur
Année: 1951
Durée: 1h25

L'histoire: Des scientifiques découvrent un vaisseau spatial prisonnier de la banquise arctique. Ils décèlent sous la glace un corps extraterrestre et ramènent le spécimen à leur base. Bientôt, la "chose" devient une menace qu'il faut éradiquer.

La critique :
Pour ceux qui sont fans du cinéma de John Carpenter, ils pourront voir une brève séquence de La Chose d'un Autre Monde dans Halloween la Nuit des Masques. Pour cela, je renvoie à la scène où Laurie Strode est chargée de veiller sur deux bambins le soir d'Halloween.

La caméra de John Carpenter propose alors un bref extrait d'un vieux film d'épouvante des années 50, la Chose d'un Autre Monde, réalisé par Howard Hawks. Inutile de préciser que ce film d'horreur influencera l'ami Carpenter, puisqu'il signera son remake,

The Thing, en 1982.
Pour le reste, le film d'Howard Hawks reste un véritable classique du cinéma d'épouvante, malheureusement un peu oublié...
Attention, SPOILERS ! En Arctique, des militaires et des scientifiques découvrent le

cadavre d'une créature étrange dans la glace.

Afin d'étudier le spécimen, nos héros ramènent le corps pétrifié à leur base. Mais très vite, le corps se réveille et un monstre végétal sème la terreur dans la base.
A partir de ces différents éléments, Howard Hawks oppose deux points de vue: celui des militaires, qui veulent à tout prix se débarrasser de la chose, et celui d'un scientifique, qui cherche à jouer à Dieu, l'extraterrestre constituant une curiosité de la nature. La chose d'un autre monde se situe également en pleine Guerre Froide, au moment de la peur d'une invasion communiste, une peur se matérialisant par l'arrivée d'extraterrestres belliqueux.

La Chose d'un autre monde n'échappe pas à la règle. Il s'agit avant tout d'un film d'épouvante sur la paranoïa.
Certes, le film d'Howard Hawks a bien vieilli et souffre désormais du poids des années. Toutefois, le monstre végétal est réussi et le film contient quelques idées intéressantes. Par exemple, la créature cherchera à se reproduire.

D'une certaine façon, l'invasion extraterrestre vient de commencer. Une idée que John Carpenter reprendra dans son remake, mais en accentuant ce climat de paranoïa.

Note: 17/20

Chromosome 3

Genre: horreur (interdit aux - 16 ans)
Année: 1979
Durée: 1h30

L'histoire: Un psychiatre invente une thérapie révolutionnaire qu'il applique à ses malades. Mais il n'avait pas prévu les effets secondaires, particulièrement destructeurs.

La critique :
Avec Chromosome 3, en anglais, The Brood, réalisé en 1979, David Cronenberg signe un film étrange, entre horreur, gore, psychanalyse et drame familial. Chromosome 3 est un film complexe mais pas inaccessible non plus. Toutefois, il est nécessaire de bien suivre l'histoire.

Attention, SPOILERS ! Nola est une jeune femme divorcée et abandonnée par sa propre mère. Avec son ex-mari et sa propre fille, elle entretient des relations compliquées.

Un jour, son ancien mari découvre des blessures sur sa fille et refuse de confier la garde à son ex-femme, convaincu que cette dernière est malade et qu'elle a besoin d'une thérapie psychiatrique et analytique.

Nola suit les conseils de son ex-mari. Elle est prise en charge par un psychiatre (Oliver Reed) au cours d'une thérapie très particulière, mais qui se révèle efficace. Mais bientôt, des crimes se produisent et Nola ne semble pas étrangère à ses meurtres. A partir de ses différents éléments, David Cronenberg établit des parallèles entre le médical, la psychiatrie et la dynamique familiale, tout cela trouvant ses sources dans les liens du sang et la génétique.

Finalement, David Cronenberg pense que la transformation d'un individu se situe avant tout dans la généalogie de la famille.

Pourtant, encore une fois, la transformation de Nola échappe totalement au contrôle de son psychiatre, ce dernier ne maîtrisant visiblement pas les dangers de sa thérapie.

Un scénario habile et intelligent au final, pour un film définitivement étrange, parfois gore et se terminant dans un vrai bain de sang.

Dommage que David Cronenberg refuse de nous en dire davantage sur la thérapie en question. Toutefois, Chromosome 3 reste un film d'horreur important dans la filmographie de ce réalisateur atypique et incontournable.

Un excellent cru en tout cas !

Note: 17.5/20

Le Cirque

Genre: comédie

Année: 1928

Durée: 1h10

L'histoire: Charlot, pris pour un pickpocket, se réfugie dans un cirque et déboule sur la piste en plein spectacle. Son arrivée fait rire le public et le directeur l'engage aussitôt comme clown. Charlot devient amoureux de l'écuyère mais son rival le fait renvoyer.

La critique :

Parmi les oeuvres essentielles de Charlie Chaplin, les cinéphiles citent souvent Le Dictateur, Les Lumières de la Ville, Les Temps
Modernes, La Ruée vers l'Or ou encore Le Kid. Attention à ne pas oublier Le Cirque, réalisé en 1928 !

Pour l'anecdote, cette comédie a bien failli ne jamais voir le jour. En effet, à l'époque, la seconde épouse de Charlie Chaplin, Lita Grey, recommande à son époux d'engager Merna Kennedy comme actrice principale. Hélas, Lita Grey découvre la liaison qui s'est engagée entre son mari et la belle jeune femme.

Qu'à cela ne tienne, Lita Grey entame une procédure de divorce. Le tournage est interrompu pendant plusieurs mois et l'épouse de Chaplin menace de détruire les bobines déjà réalisées. La réalisation du film Le Cirque survient après le succès phénoménal de La Ruée vers l'Or.

Il semblerait que Chaplin n'ait entretenu qu'une relation d'amitié avec Merna Kennedy, seulement âgée de 18 ans, et qui fait donc figure de débutante. En vérité, Lita Grey a pour objectif de ruiner la carrière de Charlie Chaplin.

Pendant le tournage, l'acteur-réalisateur recevra de nombreuses lettres d'insultes et de menaces. La presse publie les accusations de Lita Grey. Charlie Chaplin investit alors toute sa fortune dans le tournage du film. Reste à savoir si le public sera au rendez-vous de cette nouvelle comédie.

Heureusement, Le Cirque connaîtra à nouveau un immense succès dans les salles obscures. Plus que jamais, les numéros de mime, d'acrobate et de funambule éblouissent le public et la presse. Encore une fois, Charlie Chaplin réalise un petit chef d'oeuvre, certes légèrement inférieur à La Ruée vers l'Or et aux autres grands classiques de l'artiste de génie.

En apparence, le scénario est de facture simpliste. Attention, SPOILERS ! Charlot, vagabond, est pris pour un pickpocket par un policier qui le prend en chasse. Il se réfugie sous le chapiteau d'un cirque en pleine représentation et perturbe tous les numéros pour le plus grand plaisir des spectateurs.

Le directeur du cirque l'embauche en tant qu'homme de piste. Chaque soir, à cause de sa maladresse, il déchaîne l'hilarité de l'assistance et devient à son insu la vedette du spectacle. Il tombe amoureux d'une belle écuyère, Merna, fille du directeur, mais celle-ci préfère Rex, le funambule.

Décidemment, Charlie Chaplin aime interpréter des personnages atypiques. Encore une fois, l'acteur-réalisateur et producteur joue un marginal sans le sou. Pourtant, ce dernier va faire le bonheur du cirque et de ses spectateurs à cause de sa maladresse (je renvoie au synopsis).

Sur ce dernier point, le film contient de nombreuses séquences d'anthologie. La plus marquante reste probablement le numéro de funambule. Charlot exécute les pirouettes les plus insensées sur un fil. Pourtant, contre toute attente, l'artiste parvient miraculeusement à ne pas perdre l'équilibre.

Il s'agit d'une séquence symbolique. Malgré les menaces du directeur du cirque, Charlot exécutera son numéro. On en revient également au tournage du film, sans cesse menacé par la presse et l'ex-femme du comédien. Malgré les pressions extérieures, Charlot tiendra debout et poursuivra le tournage. Autre séquence de folie: celle où Charlot se retrouve dans la cage d'un lion.

C'est une scène réalisée sans trucage durant laquelle l'acteur met sa propre vie en danger. Artiste accompli, Charlie Chaplin s'investit totalement dans son film.

Mieux encore, il signe une nouvelle perle du Septième art. Néanmoins, par la suite, Charlie Chaplin ne mentionnera plus jamais Le Cirque parmi les films qu'il a réalisés. L'artiste mettra des années à s'en remettre. Le Cirque constituera une blessure personnelle pour le cinéaste.

Bien des décennies plus tard, Charlie Chaplin enregistrera une nouvelle bande son pour le film. Le Cirque ressortira à nouveau sur les écrans. Le deuil est fait et l'abcès semble enfin crevé. Pour Charlie Chaplin, Le Cirque reste un film très personnel.

A travers cet univers si particulier, l'artiste nous dit également que la vie ressemble aussi à une pièce de théâtre, chaque individu jouant un rôle particulier. Et c'est ce qu'illustre parfaitement le comédien dans cette "pièce" essentielle du cinéma.

Note: 17/20

Citizen Kane
Genre: drame
Année: 1941
Durée: 2 heures

L'histoire: A la mort du milliardaire Charles Foster Kane, un grand magnat de la presse, Thompson, un reporter, enquête sur sa vie.
Les contacts qu'il prend sur ses proches lui font découvrir une personnalité mégalomane, égoïste et solitaire.

La critique :
Pour ceux qui l'ignorent, Citizen Kane, réalisé par Orson Welles en 1941, est considéré par l'American Film Institute comme le meilleur film de tous les temps. Evidemment, certaines personnes pourront se demander ce qui justifie un tel classement. La réponse tient en plusieurs points.

Premièrement, pour son film, Orson Welles utilise des techniques révolutionnaires, notamment en ayant recours à la profondeur du champ.
Ce procédé est souvent utilisé dans le film, mais pas de n'importe quelle façon, le but étant de servir un scénario particulièrement complexe.

C'est aussi la grande force de Citizen Kane: le film repose sur une série de flashbacks qui obéissent à une certaine chronologie.
Mieux encore, Orson Welles innove et présente certains éléments de la vie de son

héros principal, Charles Foster Kane, via des bulletins télévisés.

C'est un procédé révolutionnaire à l'époque qui influencera des générations de cinéastes. Enfin, de nombreux plans sont filmés en plongée et en contre-plongée. Via ce procédé, Orson Welles tient à décrire les émotions de son personnage. En vérité, Citizen Kane s'inspire de la vie de William Randolph Hearst, un puissant magnat de la presse américaine du début du XXème siècle.

C'est aussi le tout premier film d'Orson Welles, qui intervient quelques années après son fameux canular à la radio (ce dernier ayant faire croire à l'arrivée d'extraterrestres hostiles). Visiblement, le cinéaste a envie de marquer le septième art et signe l'un des plus grands films jamais réalisé.

Citizen Kane est un drame terriblement ambitieux, réalisé par un véritable surdoué de la caméra et de la mise en scène.

En utilisant certaines techniques inédites, que j'ai déjà décrites précédemment, Orson Welles transgresse tous les codes établis par la planète Hollywood. Mais encore une fois, c'est bien au niveau du scénario que Citizen Kane se révèle le plus abouti. Orson Welles propose donc un script elliptique, retraçant les grands moments de la vie de Charles Foster Kane.

C'est donc un véritable puzzle labyrinthique qui est présenté au spectateur. Toutefois, le film est loin d'être incompréhensible et obéit à une structure logique. Au final, ce qui passionne, c'est le portrait de cet homme riche, puissant et mégalomane, mais paradoxalement solitaire.

A sa mort, Kane aura un dernier mot: "Rosebud". Un journaliste enquête. Qui est ce fameux Rosebud ? Pourquoi a-t-il une telle importance aux yeux de cet homme profondément mélancolique ?

Finalement, c'est le passé de cet être mystérieux qui va déterminer sa personnalité et son parcours atypique. Pourtant, Kane est un homme malheureux, l'origine de sa crise existentielle se trouvant dans son enfance traumatique.

Je n'en dirai pas davantage sur les clés de l'intrigue. Toutefois, Orson Welles réalise un drame puissant, avec une vraie dimension psychanalytique.
Indéniablement, Orson Welles était un cinéaste en avance sur son temps et un véritable génie de la caméra.

Un vrai cinéphile se doit de regarder au plus vite ce monument du septième art.

Note: 21/20

Le Clan des Siciliens

Genre: polar
Année: 1969
Durée: 1h55

L'histoire: Roger Sartet, un truand, s'évade avec la complicité d'une famille mafieuse, les Manalese, dirigée par Vittorio. Malgré une traque menée par le commissaire Le Goff, Sartet reste insaisissable. Le truand propose à ses complices de voler une collection de bijoux exposée à la galerie Borghèse et qui doit être transférée de Rome vers New York par avion.

La critique :
Le grand polar à la française ! Voilà quelques mots de la presse cinéma qui résument parfaitement Le Clan des Siciliens, réalisé par Henri Verneuil en 1969.

Rassurez-vous, nous serons moins lapidaires. Ce film doit également sa réputation à son trio de choc: Lino Ventura, Jean Gabin et Alain Delon.
En dehors de ces trois acteurs de prestige, Le Clan des Siciliens réunit également Irina Demick, Amedeo Nazzari, André Pousse et Yves Lefebvre.

Il s'agit donc d'un film franco-italien. Le scénario est signé José Giovanni qui réalisera deux ans plus tard Deux Hommes dans la Ville, avec Jean Gabin et Alain Delon. Le Clan des Siciliens est également l'adaptation d'un roman d'Auguste Le Breton, véritable spécialiste des polars, et à qui l'on doit Bob le Flambeur ou encore Razzia sur la Chnouf. Encore une fois, le film d'Henri Verneuil repose en grande partie sur le charisme de ses trois interprètes.

Le Clan des Siciliens va alors se concentrer sur ces trois personnages hauts en couleurs. Dans un premier temps, nous faisons donc la connaissance de Roger Sartet (Alain Delon), un voyou arrêté par la police, mais qui réussit une évasion spectaculaire.
Il est alors récupéré par les hommes de Vittorio (Jean Gabin), le "parrain" d'une famille mafieuse, droit, fier et forte tête.

De son côté, l'inspecteur Le Goff (Lino Ventura) mène l'enquête et cherche à tout prix à arrêter ses malfrats. C'est un flic déterminé et prêt à tout pour mettre ces voyous derrière les barreaux. Certes, au niveau du scénario et de ses personnages, le film est de facture classique. Pourtant, la formule fonctionne à merveille.

Ce polar repose alors sur une confrontation entre ces trois personnages.
De son côté, l'inspecteur Le Goff poursuit inlassablement Roger Sartet. De l'autre, ce dernier et Vittorio préparent le braquage d'une bijouterie.
A partir de ces différents éléments, Le Clan des Siciliens brasse les thématiques habituelles: la trahison, l'honneur, la vengeance et la famille.

Au niveau de la forme, Le Clan des Siciliens fait souvent penser à une sorte de western urbain. D'ailleurs, l'ultime confrontation entre Alain Delon et Jean Gabin sera un duel au révolver. Bref, ce film figure parmi les incontournables du cinéma français. En deux mots: un classique !

Note: 17/20

Collateral

Genre: polar, policier, thriller (interdit aux - 12 ans)
Durée: 2 heures
Année: 2004

L'histoire: Max est taxi de nuit à Los Angeles. Un soir, il se lie d'amitié avec une dénommée Annie Farrell, une belle femme procureur montée à l'arrière de son véhicule. Quelques minutes plus tard, c'est au tour d'un homme prénommé Vincent de monter dans le taxi. Un businessman, selon toute apparence, avec un emploi du temps chargé : pas moins de cinq rendez-vous à tenir dans la nuit. Max accepte de lui louer ses services jusqu'au petit matin, en échange de 600 dollars. Premier arrêt. Vincent entre dans un immeuble. Un coup de feu éclate aussitôt, un corps plonge dans le vide, s'écrasant sur le toit du taxi. Vincent redescend et, sous la menace de son arme, oblige Max à dissimuler le cadavre dans le coffre et à reprendre son mortel périple.

La critique :
A l'origine, Collateral, réalisé par Michael Mann en 2004, s'inspire d'un scénario écrit par Stuart Beattie, alors que ce dernier était encore étudiant dans une université américaine de prestige. Le script est acheté par la société de production Dreamworks SKG.
Hélas, pendant plusieurs années, les producteurs peinent à trouver un réalisateur. Dans un premier temps, ceux-ci font appel à Mimi Leder, puis à Janusz Kaminski,

mais les deux cinéastes déclinent l'invitation.

Finalement, c'est Michael Mann qui est chargé de la réalisation de Collateral. L'acteur Russell Crowe est alors choisi pour interpréter le rôle de Vincent. Hélas, le tournage continue à prendre du retard et l'acteur se désiste au dernier moment.

Michael Mann se tourne alors vers Tom Cruise pour interpréter le tueur à gages. Même remarque concernant le personnage de Max, qui devait être initialement interprété par Adam Sandler. Lui aussi décline l'invitation et Jamie Foxx est choisi pour jouer aux côtés de Tom Cruise.

Viennent également s'ajouter Mark Ruffalo, Jada Pinkett Smith, Peter Berg, Bruce McGill, Irma P. Hall, Javier Bardem et Jason Statham, ce dernier effectuant une très courte apparition. Collateral connaîtra un immense succès public et critique.

Ce thriller obtiendra plusieurs récompenses, dont deux Oscars (celui du meilleur montage et celui du meilleur acteur dans un second rôle pour Jamie Foxx). Pour le reste, Collateral pourrait se voir comme l'antithèse parfaite du buddy movie.

Le buddy movie repose toujours sur le même scénario, à savoir deux flics qui n'ont rien en commun mais qui doivent faire équipe, le temps d'une ou de plusieurs enquêtes. Le scénario de Collateral s'appuie également sur deux hommes, Max et Vincent, qui vont devoir faire équipe le temps d'une soirée très particulière. Seule différence et pas des moindres, Vincent est un tueur à gages alors que Max est un petit chauffeur de taxi sans histoire.

Max va devoir collaborer et aider son nouveau passager malgré lui. Cette rencontre va bouleverser sa vie à jamais.

Aussi est-il nécessaire de rappeler les grandes lignes du scénario. Attention, SPOILERS ! Après avoir déposé Annie, un procureur, qui lui a laissé sa carte de visite, Max, un chauffeur de taxi, accepte de prendre un client, Vincent, pour cinq courses.

Vincent prétend qu'il a cinq personnes à voir pour conclure un contrat immobilier dans la nuit. Mais la première de ces personnes tombe, morte, sur le toit du taxi. Vincent est en fait un tueur à gages. Il décide alors de se servir de Max comme chauffeur tout au long de sa tournée.

Au fil de la nuit, et alors que, parallèlement, l'inspecteur Fanning commence son enquête, les deux hommes vont commencer à nouer des liens bien particuliers. Max se retrouve pris dans un engrenage qui le désigne comme complice ou bouc émissaire de Vincent, et se retrouve obligé de collaborer avec lui, alors que seul Fanning semble croire à son innocence dans cette affaire.

Sur la forme, Collateral ressemble à un thriller urbain avec pour toile de fond la jungle de Los Angeles, décrite comme une ville dangereuse et peuplée de tout un tas d'individus indifférents au sort des autres.

A partir de là, Collateral ressemble également à un road movie initiatique, surtout pour le personnage de Max, qui va beaucoup apprendre de lui-même. Paradoxalement, cette nouvelle conscience de lui-même n'est autre que son nouveau passager, donc Vincent, un meurtrier qui tue sans sommation et sans éprouver le moindre regret.

Vous l'avez donc compris: Collateral n'est pas qu'un petit film sans intérêt et se révèle beaucoup plus complexe qu'il n'y paraît, finalement à l'image de l'étrange relation qui se noue entre Max et Vincent.

Ici, l'espace (à savoir encore une fois, la ville de Los Angeles) et ses différents mouvements (la plupart du temps rapides) tiennent une place prépondérante et vont jouer un rôle déterminant sur les événements qui vont atteindre notre duo pour le moins atypique.

Sur ce dernier point, Michael Mann fait preuve de son savoir-faire habituel et propose plusieurs séquences magnifiques. C'est par exemple le cas lorsque la ville de Los Angeles est filmée de façon aérienne ou de manière verticale. Il est par ailleurs amusant d'entendre les deux nouveaux acolytes philosopher sur l'espace et l'immensité qui les entoure.

En ce sens, Collateral a presque une dimension spirituelle et cosmologique (si, si !).

Note: 18/20

La Colline A Des Yeux (1977)

L'histoire : Il était une fois la famille Carter, composée d'américains moyens qui (paf) se retrouvent en panne au milieu du désert, face à des cannibales sauvages qui vont les, hem, "maltraiter", donc en fait les violer, les exploser, les massacrer ! Et quand c'est le cinéaste de Scream et Les Griffes de la Nuit qui s'en charge, je vous laisse deviner le résultat !

La critique :
A mes yeux, La Colline a des Yeux reste probablement le ou l'un des meilleurs films de Wes Craven. Ce film a vraiment une longue histoire ! Il a fait l'objet d'une suite en 1985 par Craven lui-même, puis d'un remake par Alexandre Aja en 2006. Et puis l'année suivante, c'est un remake de la suite !

Quant au remake, il réussit à sauver les meubles (étonnant de la part du réalisateur de Piranhas 3D), mais enfin bon...

Pour commencer, LA COLLINE A DES YEUX EST UN PUTAIN DE FILM !!! Impossible de dire le contraire, c'est le film que Massacre à la Tronçonneuse (version 1974) aurait dû être. Ce n'est pas ce choc, cette sensation physique qui transforme le gore en oeuvre d'art, qui fusionne le western et le film d'horreur crasseux (ce que fera Tobe Hooper, rassurez-vous, mais dix ans après dans l'excellent Massacre à la Tronçonneuse 2) pour obtenir un résultat qui déchire, vous étripe les neurones, vous arrache les yeux et vous piétine le bide ! C'est un film qui marque, qui laisse avec un goût de cendre (ou de sable) dans la bouche. C'est aussi un film dont on se souvient pour son "grand méchant" : Jupiter, patriarche monstrueux qui donne autant à gueuler qu'à réfléchir ! Pour une fois, les deux sont compatibles.

La grande qualité de l'opus de Craven est en effet de manier, grâce au film d'horreur, une réflexion sur la société.

Ancien professeur de philosophie, Craven ne nous transporte pas dans une "Caverne" de Platon, mais devant un portrait au vitriol (un peu exagéré quand même) des américains des années 70 !

La photo du film représente un de ces largués de la société. Et tous les cannibales ressemblent à des gens complètement fous, certes, tout à fait dangereux, mais aussi rejetés par la société américaine. Ce sont des types pas intégrés et bannis.

Est-ce que Craven veut nous dire qu'en n'intégrant pas certaines personnes, on en fait des gens dangereux ? Chacun a son interprétation...
A mes yeux, c'est d'ailleurs aussi une façon de voir de quelle façon les hommes traitent la violence.

Dans ce film de Craven comme dans son précédent, La Dernière Maison sur la Gauche, Wes nous montre des gens touchés par une violence extrême. Glorification de l'auto-défense ?

La dernière image est un des plans final qui m'a le plus marqué en tant que « cinéphilie » : un Carter qui brandit une pierre au-dessus d'un des cannibales, pour lui fracasser la tronche, alors qu'il est déjà mort.

Image d'une société qui s'acharne sur les plus démunis (les cannibales vivent dans le désert) ?

Note : 18,5/20

Conan le Barbare

L'histoire: Survivant au massacre de son village, élevé à la dure par ses ennemis et entraîné pour tuer, Conan est libéré par son tuteur. Dans sa quête de vengeance, il rencontrera 2 voleurs, avec qui il va s'allier...

La critique :

A la base, John Milius et les producteurs avaient pour projet de signer une trilogie aux aventures de Conan.

Certes, le premier film, intitulé Conan le Barbare, remportera un immense succès et lancera la carrière d'Arnold Schwarzenegger, découvert dans Pumping Iron. Malheureusement, la suite, Conan le Destructeur sera un véritable échec commercial. Le personnage de Conan sera donc abandonné par les studios hollywoodiens. Il faudra donc attendre le remake de 2011 pour revoir ce fabuleux guerrier au cinéma.

Ce premier film de John Milius est donc une adaptation assez libre des récits de Robert E. Howard. Indéniablement, John Milius est passionné par les personnages solitaires, ceux qui n'ont pas été épargnés par la vie et qui doivent faire face à un destin cruel. Conan est de ceux-là.

D'ailleurs, l'introduction du film nous présente un Conan enfant, condamné à regarder son peuple et sa famille mourir sous ses yeux.
Cette tragédie ne cessera de le poursuivre et déterminera sa quête quand il deviendra adulte.

Le film de John Milius doit beaucoup à son atmosphère, entre heroic fantasy et aventures épiques, l'ensemble étant renforcé par la superbe musique de Basile Poledouris. En vérité, le film suit l'initiation et l'évolution de Conan. Ce dernier passera du statut d'esclave à celui de guerrier invincible.
Mais Conan n'est pas uniquement une bête sauvage assoiffée de sang et de combats. C'est aussi un jeune homme nourri par la philosophie, la quête de connaissances et recherchant à accomplir son destin.

Le succès du film repose beaucoup sur les épaules de son acteur principal, donc Arnold Schwarzenegger, à la carrure impressionnante.
Certes, l'interprète est peu expressif mais tout à fait crédible dans la peau de ce personnage en quête de vengeance.

John Milius peut également compter sur James Earl Jones dans le rôle de Thulsa Doom, le grand méchant de service, à la fois tyrannique et paternel.
Ensuite, le long-métrage a peu recours aux effets spéciaux et à la magie. C'est peut-être son seul point faible.

Par exemple, la séquence avec le serpent géant n'est pas vraiment mémorable. Mais ne boudons pas notre plaisir, Conan le Barbare reste un grand film épique et l'une des références absolues du genre.

En quelques mots: merci John Milius !

Note: 17/20

Concrete (2004)

Genre: horreur, gore, trash, drame (interdit aux - 16 ans)
Année: 2004
Durée: 1h30

L'histoire: Le parcours de l'odieux Tatsuo, depuis ses rixes en salle de classe jusqu'à son intronisation au sein des yakuza, ponctuant les étapes de sa jeune vie par autant de coups portés à sa mère. Vols, rackets, viols... l'escalade aboutit à l'enlèvement de la jeune Misaki, par un Tatsuo désormais flanqué de ses propres hommes de mains, membres du gang juvénile des « Dragon God ». Un « simple » viol dérape en appropriation totale ; Misaki est enfermée chez l'un des membres du groupe, abusée de toutes les façons, battue, humiliée. Sans raison.

La critique :
En 1988, le crime sordide de Junko Furuta, une jeune femme de 16 ans, a provoqué un énorme scandale au Japon. En effet, la lycéenne a subi un long supplice de 44 jours avec de nombreux viols, des tortures diverses et de toutes sortes par quatre jeunes hommes âgés de 17 ans.

Junko Furuta finira par succomber à ses blessures. Parmi les nombreux sévices infligés, on relève notamment des coups avec des clubs de golf, des objets introduits dans le vagin ainsi que des pétards allumés dans l'anus. Les tortionnaires forceront même la jeune femme à boire sa propre urine et à manger des cafards. Ses tétons seront également coupés avec une pince et Junko Furuta sera régulièrement battue tel un punching-ball... et j'en passe !

Clairement, la liste des sévices et des tortures infligés à cette jeune femme est longue et pour le moins horrible (le mot est faible). Cette tragédie va évidemment inspirer le cinéma avec deux films: le terrible Concrete-Encased High School Girl Murder Case de Katsuya Matsumura en 1995 et Concrete, réalisé par Hiromu Nakamura en 2004.

Concrete est souvent considéré comme le remake du film de Katsuya Matsumura. Pourtant, les deux films ont un traitement assez différent de ce meurtre sordide. Concrete est aussi l'adaptation du livre de Jôji Atsumi détaillant les circonstances du meurtre de Junko Furuta.

Concrete transpose la réalité de ce fait divers épouvantable. Toutefois, contrairement à Concrete-Encased High School Girl Murder Case, le film de Hiromu Nakamura ne fera pas l'objet de la censure. Il écopera d'une interdiction aux moins de 16 ans mais n'est pas loin d'égaler son modèle en termes de sadisme. Bienvenue en enfer !

Aussi est-il nécessaire de rappeler les grandes lignes du scénario. Attention, SPOILERS ! Le parcours de l'odieux Tatsuo, depuis ses rixes en salle de classe jusqu'à son intronisation au sein des yakuza, ponctuant les étapes de sa jeune vie par autant de coups portés à sa mère.

Vols, rackets, viols... L'escalade aboutit à l'enlèvement de la jeune Misaki, par un Tatsuo désormais flanqué de ses propres hommes de mains, membres du gang juvénile des « Dragon God ». Un « simple » viol dérape en appropriation totale ; Misaki est enfermée chez l'un des membres du groupe, abusée de toutes les façons, battue, humiliée. Sans raison.

Contrairement à la version de 1995, Concrete choisit une autre direction. En effet, le film suit le parcours de Tatsuo, une petite frappe et un psychopathe en devenir. Ou comment basculer d'un petit voyou à un véritable sadique et pervers dans les règles ?

Il ne s'agit ni plus ni plus moins que d'un parcours de déshumanisation. Durant les quarante premières minutes, Concrete suit donc le quotidien de Tatsuo et de son évolution au sein d'un gang dont il devient le leader. Très vite, Tatsuo et ses acolytes commettent l'irréparable.

Ils kidnappent la jeune Misaki. Dans un premier temps, le but est tout simplement d'abuser d'elle et de la relâcher. Nos petits psychopathes trouvent cet enlèvement "amusant". Pourtant, les choses dérapent rapidement. Je ne reviens pas sur les tortures subies et infligées à la jeune femme... Toujours est-il que cette dernière devient une sorte de poupée ou plutôt un vulgaire objet que nos jeunes criminels s'approprient totalement en l'humiliant, la frappant, la violant... Bref, vous connaissez la suite.

Concrete est évidemment un film choquant. Contrairement à la version de 1995, Concrete ne fonctionne pas du tout comme un documentaire qui cherche à relater les faits de façon chronologique. Son but est plutôt de décrypter la violence sous sa forme la plus sordide et abjecte.

Sur ce dernier point, Hiromu Nakamura offre une réalisation à l'image de ce fait divers épouvantable. Son film est volontairement dénué du moindre sentiment humain. Ce qui renforce cette impression de malaise et de totale incompréhension par rapport aux actes perpétrés par Tatsuo et sa bande. Seul point négatif, les dernières secondes du film durant lesquelles notre cher psychopathe semble éprouver des remords... Toutefois, dans l'ensemble, Concrete possède de réelles qualités filmiques et se distingue des torture porn actuels.

Note: ?

Concrete-Encased High School Girl Murder Case

Genre: inclassable, trash, gore (film censuré et/ou interdit aux - 18 ans)
Année: 1995
Durée: 1h10

L'histoire: En 1988, Junko Furuta, une jeune lycéenne de 17 ans, est kidnappée par quatre garçons, eux aussi âgés de 17 ans. Pendant 44 jours, ils vont la séquestrer, la violer, la torturer jusque mort s'ensuive.

La critique :
Attention film choc et ultra violent ! Bon, ce n'est pas la première fois que nous abordons un film trash dans ce livre. Mais avant de lire la suite de cette chronique, je préfère prévenir: Concrete Encased High School Girl Murder Case, réalisé par Katsuya Matsumura en 1995, est d'une violence inouïe et rarement égalée au cinéma. Pour l'anecdote, le film n'est même pas sorti en France, que ce soit au cinéma ou encore en dvd ou sous un autre support vidéo. La raison ?

En raison de sa grande violence et des images qu'il délivre, Concrete Encased... a été victime de la censure et plus ou moins banni dans son pays, le Japon.

Il s'agit donc d'un film maudit, dont les bandes ont heureusement pu être récupérées par le cinéaste puisque le long-métrage est tout de même sorti en dvd zone 1 en Europe. Bien qu'il n'y ait pas de séquences pornographiques (on ne voit aucune séquence de pénétration par exemple), Concrete Encased... a tout de même été interdit aux moins de 18 ans.

Pourquoi un tel acharnement autour de ce film ? La raison est simple. Concrete

Encased... retrace tout simplement une histoire vraie et plus particulièrement un fait divers horrible (et le mot est faible... très faible...) qui a traumatisé le Japon en son temps.

En effet, Concrete Encased... retrace l'histoire ou plutôt le calvaire de Junko Furuta, une jeune lycéenne de 17 ans, qui est kidnappée par quatre garçons, eux aussi âgés de 17 ans. A partir de là, bienvenue en enfer ! Et encore une fois, les mots sont faibles !

Au niveau de sa tonalité et de sa réputation extrême, Concrete Encased... a évidemment marqué, influencé et traumatisé toute une génération de cinéastes. Par exemple, aux Etats-Unis, les producteurs s'empareront d'un autre fait sordide, concernant cette fois le calvaire d'une adolescente américaine. Ce qui inspirera évidemment le cinéma avec le superbe mais néanmoins terrifiant The Girl Next Door.

Pour le reste, Concrete Encased... fonctionne un peu comme un documentaire et a pour but de rendre les tortures subies par Junko Furuta les plus réalistes possibles. Le film est donc parfois entrecoupé par la voix-off et même par la présence d'un narrateur, qui explique les faits dans leurs moindres détails. En vérité,

Concrete Encased... ne se résume pas seulement à un film trash et putassier qui délivre la marchandise. Le film explique tous les éléments qui ont précédé et suivi le meurtre sordide de Junko Furuta. Toutefois, ce terrible fait divers a aussi inspiré un autre film, tout simplement appelé Concrete, en hommage à la version de 1995, et sorti en 2004.

Le réalisateur de Concrete Ensased..., Katsuya Matsumura, a le souci du détail. Le cinéaste choisit l'aspect chronologique: le spectateur est donc régulièrement informé sur les dates, les jours et les semaines qui passent.

Attention, Concrete Encased... n'est pas qu'une succession de séquences gores et abominables (même si elles le sont). La violence n'est pas seulement physique. Elle est également psychologique. Les premiers jours qui suivent son enlèvement, Junko Furuta est violée un par un par ses quatre agresseurs. Puis, ces derniers invitent des amis de leur entourage.

Pendant toute la durée de son calvaire (je le rappelle, 44 jours), Junko Furuta subira en totalité 105 viols, tous plus barbares les uns que les autres. Elle sera entre autres victime de tournantes. On lui enfoncera plusieurs objets contondants et coupants dans le vagin et l'anus.

Parmi les autres tortures infligées, il y a aussi des brûlures, de l'acide, des pseudos pendaisons, des jets d'urines et j'en passe... Et croyez-moi, les exemples que je donne sont plutôt soft comparés à d'autres sévices infligés à cette pauvre jeune femme. Sa mise à mort sera elle aussi sordide. Je passe également sur les détails... Pour les amateurs, donc en l'occurrence les suicidaires, le film est quasiment introuvable en dvd. Néanmoins, il est disponible mais en version originale non sous-titrée sur YouTube. Mais encore une fois, je décline toute responsabilité. Je préfère partir, m'enfuir et éventuellement vomir. Par conséquent, difficile de noter un tel film...

Note: ?

Le Corbeau
Genre: drame
Année: 1943
Durée: 1h25

L'histoire: Les notables de Saint-Robin, petite ville de province, commence à recevoir des lettres anonymes signées le Corbeau, dont le contenu est calomnieux. Ces calomnies portent régulièrement sur le Docteur Rémi Germain, accusé de pratiques abortives, ainsi que sur d'autres personnes de la ville.

La critique :
C'est grâce ou plutôt à cause du Corbeau, réalisé par Henri-Georges Clouzot en 1943, que le terme désignant le volatile prendra une nouvelle signification, à savoir une personne exerçant des menaces et/ou des rumeurs via des lettre anonymes.
Au niveau des acteurs, ce drame réunit Pierre Fresnay, Ginette Leclerc, Héléna Manson, Pierre Bertin et Liliane Maigné. Après la fin de la Seconde Guerre Mondiale, et plus précisément, au moment de la Libération, Le Corbeau sera censuré par la Résistance et la presse communiste.

Pire encore, le film est carrément interdit. Et Henri-Georges Clouzot sera banni à vie du métier de réalisateur en France.
Heureusement, par la suite, en 1947, les deux interdictions sont levées. En même temps, le film provoque une vive polémique et fait un certain scandale.
Certaines critiques accusent carrément le cinéaste d'une ancienne collaboration avec les nazis.

Néanmoins, certains réalisateurs défendront la cause de Clouzot. C'est par exemple le cas de Jacques Becker qui s'associera avec d'autres personnalités du cinéma.
A la base, le scénario du Corbeau s'inspire d'un fait réel survenu dans les années 20: l'Affaire Tulle. Aussi, est-il nécessaire de rappeler les grandes lignes du synopsis.
Attention, SPOILERS ! Les notables de Saint-Robin, petite ville de province, commencent à recevoir des lettres anonymes signées Le Corbeau, dont le contenu est calomnieux.

Ces calomnies se portent régulièrement sur le docteur Rémi Germain, accusé de pratiques abortives, ainsi que sur d'autres personnes de la ville.

Les choses se gâtent sérieusement lorsque l'un des patients du docteur Germain se suicide, une lettre lui ayant révélé qu'il ne survivrait pas à sa maladie.

Le docteur Germain enquête pour découvrir l'identité du mystérieux Corbeau.
Avec un tel scénario, on comprend mieux pourquoi Le Corbeau a suscité une telle polémique voire scandale. L'air de rien, Henri- Georges Clouzot aborde plusieurs sujets tabous à l'époque, entre autres, la délation, une pratique hélas courante durant la Seconde Guerre Mondiale.

Ensuite, l'action du film se déroule dans une petite ville de province où les rumeurs vont bon train. A partir de là, le cinéaste se montre particulièrement insolent.
Il suffit de prendre les portraits des différents protagonistes pour s'en convaincre.
Par exemple, le Docteur Germain (Pierre Fresnais) est un libre penseur qui refuse de se rendre à l'église. Ensuite, d'autres sujets tabous sont également évoqués.

Henri-Georges Clouzot brasse plusieurs thématiques telles que l'avortement. Sans compter que le réalisateur brosse également le portrait d'une petite ville hypocrite et isolée, qui s'est enfermée dans la rumeur et la dénonciation. Clairement, les pouvoirs publics en prennent pour leur grade.

Henri-Georges Clouzot multiplie les provocations. A travers le portrait de Saint-Robin, c'est la France toute entière qui est visée. C'est aussi ce dernier point qui explique pourquoi le film a suscité la censure et les accusations du nouveau régime en place.

Avec Le Corbeau, Henri-Georges Clouzot signe une oeuvre engagée, coup de poing et qui va largement marquer les esprits. Par exemple, en 1953, Otto Preminger réalise un remake, The Thirteenth Letter. Ensuite, au niveau de la mise en scène, le film fonctionne comme un polar.

Visiblement, Henri-Georges Clouzot cherche à brouiller les pistes et signe un drame austère, labyrinthique, souvent oppressant, entraînant le spectateur au sein d'une ville nouée par les remords, le secret et la culpabilité. Bref, une oeuvre magistrale dans le cinéma français et dans le septième art en général. En quelques mots: un grand classique du cinéma !

Note: 19/20

La Couleur Pourpre

Genre: drame
Année: 1985
Durée: 2h35

L'histoire: Dans les années 1900, Celie, une jeune femme noire du Sud des Etats-Unis, vit avec sa soeur Nettie et son père dans une plantation de coton. A 15 ans, elle est mariée à Albert, un homme qu'elle n'aime pas. Celui-ci la violente et la rabaisse. Séparée violemment de sa soeur par son mari, Celie finit par s'effacer totalement.

La critique :
A l'origine, La Couleur Pourpre, réalisé par Steven Spielberg en 1985, est l'adaptation d'un roman éponyme d'Alice Walker.

Au niveau du casting, le film réunit Whoopi Goldberg, Danny Glover, Margaret Avery, Oprah Winfrey et Laurence Fishburne, ce dernier ayant un rôle très secondaire.
La Couleur Pourpre obtiendra un vif succès et remportera plusieurs récompenses: meilleur film, meilleure actrice pour Whoopi Goldberg et meilleure réalisation.

Pourtant, à sa sortie, le film fera le débat et suscitera une vive polémique. Certaines critiques n'apprécient pas qu'un cinéaste blanc et juif signe l'adaptation cinématographique d'un roman écrit par une femme noire, qui plus est, un livre traitant des populations noires aux Etats-Unis. Avec La Couleur Pourpre, Steven Spielberg délaisse le fantastique, la science-fiction et l'aventure pour réaliser un drame poignant.

Visiblement, le cinéaste semble très concerné par son sujet. Pour l'anecdote, Tina Turner sera approchée pour jouer le rôle de Celie.

Mais la star déclinera l'invitation, cédant sa place à Whoopi Goldberg, qui connaîtra la gloire et la célébrité.

C'est sans aucun doute le meilleur film de sa carrière. Quant à Steven Spielberg, ce drame constitue un long-métrage à part dans sa filmographie.

En tout cas, La Couleur Pourpre peut se ranger parmi le top 10 de la filmographie de « Spielby ». Pourtant, curieusement, ce n'est pas le film le plus souvent cité parmi les chefs d'oeuvres du cinéaste. Je renvoie à ce qui est écrit dans le second chapitre de cette chronique. Le fait qu'un blanc filme et s'intéresse à la vie des populations noires, choque les critiques et le public. En vérité, La Couleur Pourpre se concentre surtout sur l'histoire d'une femme, donc, Celie, à travers plusieurs décennies.

Plus que jamais, sa vie s'apparente à un véritable chemin de croix et à une lutte pour obtenir son indépendance.

A 15 ans, Celie est mariée de force à un homme violent, Albert (Danny Glover), qui la bat régulièrement et l'humilie en permanence.

Pourtant, la jeune femme trouve quelques moments de bonheur au côté de sa soeur, Nettie, qu'elle aime par-dessus tout.

Mais un jour, Albert sépare les deux femmes. Celie s'enfonce alors dans un profond mutisme mais garde une profonde haine à l'égard de son époux.

Rassurez-vous, je n'en dirai pas davantage sur les suites de cette histoire. A partir de ces différents éléments, Steven Spielberg aborde plusieurs thématiques passionnantes. Plus que jamais, la vie de Celie s'apparente à une quête initiatique qui la fera passer du statut d'esclave et de femme soumise à une personne éprise de liberté et à la recherche de sa soeur tant aimée. Indéniablement, La Couleur Propre est un drame profondément féminin sur fond de conflits conjugaux, de communautarisme, d'intolérance et de racisme ambiant.

Note: 17.5/20

Coup de Torchon
Genre: drame, polar
Année: 1981
Durée: 2h10

L'histoire: Lucien Cordier, unique policier d'une petite bourgade africaine, est un être faible. Sa femme le trompe, les proxénètes le provoquent ouvertement, le représentant de l'ordre est la risée du village. Rabroué par son supérieur, Lucien entre dans une folie meurtrière.

La critique :
A l'origine, Coup de Torchon, réalisé par Bertrand Tavernier en 1981, est l'adaptation du numéro 1000 de La Série Noire, 1275 Âmes de Jim Thompson. L'air de rien, Bertrand Tavernier a signé plusieurs classiques du cinéma français, entre autres, Le Juge et l'Assassin, Capitaine Conan, Que la fête commence... ou encore L'Horloger de Saint-Paul, pour ne citer que ces exemples.

Vient également s'ajouter Coup de Torchon. D'ailleurs, les fans du cinéaste le considèrent souvent comme le ou l'un des meilleurs films de Bertrand Tavernier.

Pour l'anecdote, le film sera nommé aux Césars du cinéma en 1982 dans neuf catégories (je ne vais pas les citer), mais ne remportera aucune récompense. Au niveau de la distribution, Coup de Torchon réunit Philippe Noiret, Isabelle Huppert, Jean-Pierre Marielle, Stéphane Audran, Guy Marchand, Eddy Mitchell, Irène Skobline, Michel Beaume et Gérard Hernandez.

Attention, SPOILERS ! 1938. En Afrique Occidentale française. Lucien Cordier (Philippe Noiret) est l'unique policier d'une petite ville coloniale. Méprisé de tous pour sa lâcheté et sa veulerie, il est l'objet de moqueries et de railleries.

Lorsque son officier supérieur (Guy Marchand) lui fait prendre conscience de sa médiocrité, il va peu à peu se transformer en impitoyable assassin et se débarrasser de tous ses tourmenteurs, femme et maîtresse comprises par un jeu diabolique qui consiste à faire accuser d'autres que lui avant de les éliminer jusqu'à ce qu'il reste seul. L'action du roman de Jim Thompson, qui se déroulait dans le Sud des États-Unis des années 40, a été transposée dans l'Afrique coloniale d'avant-guerre.

Pour Bertrand Tavernier, c'est aussi l'occasion de brosser le portrait peu reluisant d'une France coloniale et raciste.

C'est d'ailleurs ce qui choque à la première vision de Coup de Torchon, à savoir cette dichotomie entre le ton en apparence très léger du film, et son sujet très sérieux, sur fond de vengeance. Il suffit de prendre l'introduction du film pour s'en convaincre, avec cet anti-héros, donc Lucien Cordier qui, dans un moment de solitude, regarde des enfants affamés.

Quant à Philippe Noiret, l'acteur trouve ici un personnage en "or" (façon de parler).

En effet, celui-ci incarne un personnage lâche, une sorte de "loser" en puissance, méprisé unanimement par les nombreux protagonistes qui l'entourent.

Pourtant, un jour, Lucien décide de prendre les armes et d'exécuter froidement deux maquereaux. Encore une fois, le ton est souvent ironique voire pittoresque. Pourtant, derrière cette façade souvent légère, se cache un climat parfois oppressant, à la limite de la noirceur d'un grand polar.

Mais avant tout, Coup de Torchon reste un drame terriblement humain avec sa galerie de beaufs racistes, de colonialistes français sur le retour et d'un peuple crevant la faim et oppressé par la dictature du moment. Ce qui contraste avec la photographie (par ailleurs superbe et lumineuse) du film.

Certes, Philippe Noiret crève l'écran, mais attention à ne pas oublier les seconds rôles, entre autres, Isabelle Huppert, Jean-Pierre Marielle, Stéphane Audran et Guy Marchand, qui livrent eux aussi d'excellentes prestations. Bref, Coup de Torchon a bien mérité son statut de classique du cinéma français.

Note: 17/20

Creepshow
Genre: horreur (interdit aux - 12 ans)
Année: 1982
Durée: deux heures
L'histoire: Le jeune Billy se fait confisquer par son père une revue de bandes dessinées, "Creepshow". Très en colère, Billy provoque l'apparition d'un spectre qui présente les différentes histoires de la BD.

La critique :

Pas facile de décortiquer Creepshow, probablement le meilleur film de George A. Romero depuis La Nuit des Morts-Vivants !

Ce film est le fruit de la collaboration entre Romero et Stephen King, les deux hommes s'étant rencontrés sur le tournage des Vampires de Salem.
Ces deux-là ont grandi avec les comics, et plus particulièrement, avec des histoires horrifiques terrifiantes.

Stephen King et George Romero s'associent pour signer Creepshow, un film d'horreur avec cinq histoires différentes. Attention, SPOILERS ! Le film nous présente le jeune Billy, un gamin fan de bandes dessinées horrifiques. Malheureusement, son père se pointe dans sa chambre, lui file une torgnole et envoie la revue à la poubelle.
C'est une séquence assez troublante, car assez typique d'un état d'esprit moralisateur et donneur de leçons.

Qu'à cela ne tienne, un spectre fait son apparition et invite Billy à partager quelques histoires terrifiantes. Le premier segment, intitulé Father's Day, l'histoire d'un père, tué par sa fille, qui revient des morts pour avoir son gâteau de fête des pères ! Dans The Lonesome Death Of Jordy Verill, un fermier voit atterrir une météorite sur son terrain. Il décide d'y toucher sans se méfier du danger que cela pourrait causer.

Plus tard, des herbes lui poussent sur le corps.
Something To Tide You Over met en scène un gars qui enterre dans le sable jusqu'au cou, sa femme et son amant. Il attend que la marée monte pour que les deux victimes meurent. Une fois son crime accompli, il est attaqué par les corps ressuscités de ses victimes.

La quatrième histoire est The Crate dans lequel un professeur trouve une vieille caisse datant de 1834. Il l'ouvre et libère un monstre cannibale.

Enfin, dans le dernier segment, Creeping Up On You, un maniaque de propreté est infesté de coquerelles.

A travers ces différentes histoires, George Romero signe un film d'horreur à la fois macabre, drôle et cynique. A noter que chaque segment est entrecoupé de façon à faire croire au spectateur qu'il lit réellement une bande dessinée.

Creepshow peut également s'appuyer sur un casting de qualité: Leslie Nielsen, absolument fantastique dans la peau de cet homme cruel et criminel, Ted Danson, Fritz Weaver, Stephen King en idiot du village, Adrienne Barbeau et Ed Harris. Enfin, Creepshow est plus complexe qu'il n'y paraît.

L'air de rien, le film critique cette ligne moralisatrice qui juge et censure les bandes dessinées, les films et la musique à contre-courant.
Enfin, Creepshow met à l'épreuve certaines personnes face à leurs contradictions et leur personnalité égocentrique.

C'est par exemple le cas de cet homme dont l'habitat est infesté de coquerelles. En vérité, c'est lui qui est le véritable cafard, cet insecte nuisible pour lui-même et les autres. Mais dans Creepshow, chaque pécheur est amené à expier sa faute. Chaque personne insociable paiera le prix de sa méchanceté, à l'image de la femme du professeur, dans The Crate.

Bref, Creepshow est un vrai film culte, et de loin, le meilleur volet d'une saga en trois épisodes.

Note: 17/20

Le Criminel

L'Histoire : Un criminel nazi, Franz Kindler, s'est réfugié dans un petit village où il se fait passer pour un professeur. Mais un enquêteur habile retrouve sa trace.

La critique :
Personnellement, je préfère appeler le film d'Orson Welles The Stranger, non seulement pour frimer, mais aussi parce que cela correspond très bien au film. Tout au long de son virtuose long-métrage, le cinéaste filme le nazi comme un être différent des autres, comme quelqu'un qui semble être "à part". C'est ce qui éveille de doute du spectateur. "The stranger" voulant dire "l'étranger", il me semble que le titre est bien plus approprié. Le cinéaste signe le meilleur film jamais réalisé à Hollywood sur la traque des nazis.

Pourtant, The Stranger est souvent considéré comme le plus mauvais film du cinéaste. Pourquoi ? Oui, pourquoi, car en vérité, je pense exactement le contraire. Avec The Stranger, Orson Welles s'aventure sur un terrain plus fantastique (même si le film n'est pas purement fantastique en soi) comme pour nous plonger la tête la première dans le cerveau malade de Franz Kindler, qui est donc un allemand. Et c'est justement cela, ce dernier point, qui justifie ce recours passionnant à l'expressionnisme du cinéaste. Tout d'abord à la toute fin, avec l'horloge et ses personnages de chevaliers qui embrochent Kindler. Il y a aussi une certaine forme d'expressionnisme, mais aussi bien évidemment de folie, dans l'interprétation même de Welles, interprétation dont on se souviendra à jamais, avec ses yeux exorbités, la sueur dégoulinant le long de ses joues, et ce regard, indescriptible, fuyard et sauvage, farouche et haineux. Une combinaison de mal absolu !

Vous l'aurez compris, d'un point de vue stylistique, The Stranger ne peut que subjuguer. Mais fort heureusement, Welles ne s'arrête pas là. En effet, le cinéaste vient piocher dans les films du genre réalisés avant lui et s'en inspire avec une grande finesse. La tension qu'il insuffle au récit, débouchant sur la mort spectaculaire et cruelle du "méchant" qui paraît si courtois au début, n'est pas sans rappeler le splendide L'Ombre d'un Doute d'Hitchcock (1943).

On se souvient aussi des allusions du film aux chambres à gaz, et enfin, de la mort de Cotten, écrasé par un train alors qu'il tentait de tuer sa nièce. Mais ici, dans la représentation de l'horreur nazie, Welles va encore plus loin, en faisant en sorte que Edward G.

Robinson oblige la femme de Kindler (qui ne sait pas que son mari est nazi) à regarder les films tournés à la libération des camps. Elle pense "que ce n'est pas possible". Voilà qui justifie la tonalité expressionniste et fantastique du film. Avec The Stranger, Welles fait finalement une synthèse de l'opinion de l'Amérique sur le sujet de l'extermination, à la sortie de la guerre. Doit-on y croire, peut-on y croire ?

Telles étaient les questions que se posaient tant d'américains. Welles leur donne une réponse foudroyante et profonde, sorte de thérapie, mais dans laquelle, bien que s'inspirant de l'expressionnisme et du fantastique à la Val Lewton, il n'oublie pas pour autant ses propres marques de fabrique : travellings lents et contemplatifs, géométrie de la mise en scène et scénario machiavélique.

Un film géant, immense et incontournable. Ceux qui le conspuent n'ont rien compris à l'art du cinéaste.

Note : 20/20

The Crow
Genre: fantastique
Année: 1994
Durée: 1h40

L'histoire: La veille de leur mariage, Eric Draven et Shelly Webster sont assassinés. Un an plus tard, un corbeau ramène Eric à la vie et au coeur d'une ville plongée dans les ténèbres. Eric va se laisser conduire là où la vengeance l'appelle.

La critique :
Film culte s'il en est, j'ai nommé The Crow, réalisé par Alex Proyas en 1994. En dehors de ses nombreuses qualités, le film doit aussi sa triste popularité à la mort de Brandon Lee, donc le fils de Bruce Lee, pendant le tournage.

Le fils a donc rejoint son père dans la légende, abattu par une balle. D'ailleurs, ce dernier point fera l'objet de nombreuses controverses.
Voici quelques explications. En 1993, Brandon Lee tourne la scène où son personnage se fait abattre par Michael Massee. L'acteur s'écroule.

Pourtant, au départ, personne ne réagit puisque l'acteur est connu pour son sens de l'humour. Mais ensuite, l'équipe découvre que Brandon Lee est réellement blessé. Il est donc transporté à l'hôpital et meurt dans les heures qui suivent.

Encore une fois, la mort de l'acteur sera suivie des rumeurs les plus insensées. Toutefois, il semble que le pistolet n'ait pas été vérifié avant le tournage de la séquence. Ensuite, certaines personnes soupçonnent que ce soit une vraie balle qui ait tué Brandon Lee. Pourtant, il est possible que les éclats d'une balle à blanc blessent grièvement. Toujours est-il qu'Alex Proyas et son équipe devront tourner une grande partie du film sans l'acteur.

Le budget de The Crow est donc revu à la hausse, passant de 15 à 23 millions de dollars. Pour remplacer Brandon Lee, les concepteurs des effets visuels et spéciaux font donc appel à la numérisation synthétique.

C'est aussi ce dernier aspect qui explique l'esthétique et le grand soin apporté au film, visuellement superbe, noir et gothique.
A la base, The Crow est l'adaption d'un comic book éponyme de James O'Barr. Pour l'anecdote, plusieurs acteurs seront approchés pour jouer le rôle d'Eric Draven, notamment River Phoenix et Christian Slater.

Cameron Diaz devait également interpréter le rôle de Shelly Webster mais déclinera l'invitation à la dernière minute.
Iggy Pop sera lui aussi contacté pour jouer dans le film. Mais le célèbre chanteur ne pourra pas se libérer.

En raison des différentes anecdotes évoquées, The Crow rencontrera un immense succès et connaîtra même plusieurs suites, franchement nulles au passage.
C'est donc avec une certaine tristesse que l'on regarde ce film fantastique magnifique, définitivement sombre et porté par un acteur au destin funeste.

A l'image de son personnage. Au-delà de l'histoire elle-même, le corbeau semble également présent sur le tournage et confère au film une ambiance unique.
Film à la fois désespéré, violent et romantique, The Crow constitue probablement l'une des meilleures adaptations de super héros au cinéma.

Plus que jamais, le film semble guidé par la colère sans jamais oublier les sentiments essentiels, notamment l'amour d'Eric Draven pour sa fiancée décédée. Certes, dans The Crow, Alex Proyas nous décrit une société à la dérive. Inutile alors de rappeler l'histoire, connue de tous.

Pour le reste, The Crow peut s'appuyer sur une musique lancinante et magnifique. Bref, un film superbe et essentiel. Le meilleur à ce jour d'Alex Proyas.

Note: 17/20

Le Cuirassé Potemkine

Genre : Drame, Historique, propagande
Année: 1925
Durée : 1H25

L'histoire : A l'aube de la révolution, dans le port d'Odessa, les marins du Cuirassé Potemkine découvrent de la viande avariée. Leurs protestations se font entendre et la tension monte. Bientôt les marins se rebellent contre les officiers et la révolte se propage dans toute la ville.

La critique :
Existe-t-il un film plus culte que Le Cuirassé Potemkine ? Combien y-a-t-il de scènes aussi célèbres que celle des marches de l'escalier d'Odessa ? Et combien de fois cette scène fut elle reprise ?

Vous l'aurez compris, Le Cuirassé Potemkine est un authentique chef d'oeuvre qui a marqué les esprits et qui a surtout changé à jamais la face du cinéma. Qui aurait pu croire que ce film de propagande allait révolutionner le septième art et devenir un des films les plus importants et les plus influents de l'histoire du cinéma ?

Car c'est ainsi que tout a commencé, à la base le Cuirassé Potemkine est un film de propagande réalisé par Sergueï Eisenstein sur commande de Lénine, qui souhaitait honorer au cinéma l'anniversaire de la révolution russe de 1905. Eisenstein, qui n'avait que 27 ans et qui s'était fait remarquer par son film La Grève, était favorable aux opinions communistes soviétiques. Il travailla sur un script dont il ne conserva qu'un court épisode en raison des mauvaises conditions de tournage. Il divisa cet épisode en cinq parties pour faire le film qu'il tourna en sept semaines.

Une fois encore, Eisenstein n'a jamais caché son rattachement à l'idéologie communiste soviétique. Quant à ses films, ils n'ont jamais caché l'immense talent d'un réalisateur considéré comme l'un des plus grands et comme « le Père du Montage ».

Ainsi d'un film de propagande, Eisenstein parvient à tirer un véritable chef d'oeuvre. Attention SPOILERS !
Premier acte : « Des Hommes et des Vers »

En 1905 en Russie, à bord du Cuirassé Potemkine, les hommes de bord trouvent de la viande pourrie, ce qui provoque des protestations. Le marin Vakoulintchouk est à la tête de la manifestation. Le médecin du bord obéissant aveuglément au commandant nie la réalité. Les menaces de punition pour insubordination pèsent alors sur les marins du bord. Certains cèdent, d'autres résistent.

Deuxième acte : « Drame sur le gaillard d'arrière »

Les hommes qui ont refusé le repas sont mis aux arrêts et condamnés à mort. Ils sont traînés sur le pont devant leurs compagnons et devant le peloton d'exécution. Mais quand l'ordre de tirer se fait entendre, les soldats refusent de tuer leurs camarades. Tout tourne alors à la mutinerie. Les hommes se révoltent et prennent le contrôle du navire. Les officiers supérieurs sont tués et le médecin jeté par-dessus bord.

Troisième Acte : « La mort demande justice »

Au cours de la révolte, Vakoulintchouk est blessé mortellement. Arrivé au port d'Odessa, son corps est exposé sur les quais et la foule vient saluer le marin insoumis. Les soldats fraternisent alors avec les habitants. Ces derniers deviennent bien vite solidaires du mouvement et la révolte se propage alors dans la ville.

Quatrième Acte : « L'Escalier d'Odessa »

Sur l'immense Escalier d'Odessa, alors que la révolte fait rage, un groupe de cosaques avancent en rangs serrés. Ils se mettent alors à tirer sur la foule qui s'enfuit en descendant l'escalier. Hommes, femmes, vieillards et enfants sont abattus. Du port, les canons du Cuirassé Potemkine ouvrent le feu sur les cosaques. On apprend alors qu'une escadre navale a été envoyée pour stopper les révoltés.

L'escadre venue mater la rébellion approche. A bord du Cuirassé Potemkine, on hisse le pavillon rouge et tout le monde est à son poste. Le Potemkine reprend la mer pour aller affronter l'escadre navale du Tsar. Alors qu'ils arrivent en face de leurs adversaires, ils sont accueillis par des cris de solidarité. L'escadre laisse passer le Cuirassé Potemkine sans tirer un seul coup de feu.

Voilà donc pour les grandes lignes de ce chef d'oeuvre à la propagande révolutionnaire et à la forme tout aussi révolutionnaire.

Eisenstein réalise un coup de maître qui l'impose comme l'un des plus grands cinéastes de l'histoire. Tout d'abord, on est ébloui par la puissance visuelle du film. Que ce soit la scène des marches de l'escalier d'Odessa, la révolte du navire ou encore le final, Eisenstein fait preuve d'un oeil véritablement affûté.

Mais outre la puissance visuelle, il y aussi les innovations du film. Sur le plan narratif d'abord, puisque le film n'a pas recours à des héros ou des personnages principaux, l'histoire se concentre sur une foule de personnages.

Sur le plan visuel, on pense bien sûr aux cadrages privilégiant les détails. Les gros plans serrés succèdent aux images spectaculaires.

Mais c'est sur le montage que le film se révèle surtout novateur. Là où beaucoup de films de l'époque souffrent clairement de longueurs de par le manque de rythme, ce n'est clairement pas le cas du Cuirassé Potemkine. Tous les évènements s'enchaînent de façon très rythmés et rapides, conférant ainsi aux scènes de violences toute leur puissance et au film son côté radical.

On pourrait passer des heures à parler de la forme du film qui se démarque clairement des réalisations de l'époque et qui réinvente le cinéma.
Pourtant le tournage ne fut pas des plus faciles en raison du mauvais temps et d'un script tenant sur quelques pages. D'ailleurs beaucoup de scènes seront improvisées sur place.

Le film sort en Union soviétique en 1926 et déclenche une vague d'enthousiasme. Il sera par la suite projeté à Berlin où il devient un classique. Plus tardivement, Le Cuirassé Potemkine parviendra même à conquérir l'occident avec succès. Même aux USA, on chantera les louanges de ce film de propagande communiste ! C'est dire !

Oui c'est dire à quel point Eisenstein a réalisé un vrai coup de maître avec ce film qui, de nos jours encore, continue de procurer le même émerveillement. Régulièrement cité et à juste titre comme l'un des plus grands films de tous les temps, ce chef d'oeuvre reste également l'un des monuments essentiels et les plus importants de l'histoire du cinéma. Dire qu'il a eu une énorme influence est beaucoup trop faible.

Certaines scènes sont gravées à jamais dans les annales du septième art. La plus célèbre étant bien sur celle de la dégringolade du landau sur les marches d'Odessa en plein coeur d'un massacre hallucinant. Cette scène absolument incroyable sera reprise un nombre incalculable de fois notamment dans Les Incorruptibles de Brian De Palma entre autres.

En bref un chef d'oeuvre absolu de chez absolu à voir absolument (mais alors vraiment absolument).
L'un des diamants du septième art.

Note : 21/20

Cyrano de Bergerac

Genre: aventure

Année: 1990

Durée: 2h15

L'histoire: Les aventures du célèbre et turbulent cadet de Gascogne, Cyrano de Bergerac, amoureux de sa cousine, la belle Roxane.

La critique :

Inutile de le préciser, mais Cyrano de Bergerac, réalisé par Jean-Paul Rappeneau en 1990, est l'adaptation d'une pièce de théâtre homonyme de Edmond Rostand.
Dans l'ensemble, cette adaptation reste particulièrement fidèle au matériau d'origine, même si on note ici et là quelques raccourcis et/ou quelques libertés.

Pour les besoins du film, Jean-Paul Rappeneau rajoute des séquences supplémentaires.
Au niveau des acteurs, Cyrano de Bergerac réunit Gérard Depardieu, Anne Brochet,

Vincent Perez, Jacques Weber, Roland Bertin, Catherine Ferran, Philippe Morier-Genoud, Pierre Maguelon et Sandrine Kiberlain.

Le film remportera plusieurs Césars: meilleur film, meilleur acteur pour Gérard Depardieu, meilleur réalisateur, meilleur acteur dans un second rôle pour Jacques Weber, meilleure musique, meilleur son, meilleure photographie, meilleur montage et meilleurs costumes.

Evidemment, le film brille notamment par ses dialogues, la quasi-totalité étant issue de la pièce d'origine. Toutefois, Jean-Claude Carrière modifiera quelques textes et en réécrira plusieurs à la manière de Jean Rostand.
Mais à aucun moment, Jean-Claude Carrière ne trahit la pièce d'origine. Au hasard, comment ne pas citer la célèbre tirade du nez ?

"Ah ! Non ! C'est un peu court, jeune homme ! On pouvait dire... oh ! Dieu ! ... bien des choses en somme... En variant le ton ? Par exemple, tenez.

Moi, monsieur, si j'avais un tel nez, il faudrait sur le champ que je me l'amputasse !
C'est un roc ! ... c'est un pic... c'est un cap !
Que dis-je, c'est une péninsule !"

Ce sera d'ailleurs la principale difficulté du film, à savoir la retranscription des dialogues dans un long-métrage pour le format cinéma, le but étant que cela ne ressemble pas trop à une pièce de théâtre, d'autant plus que celle-ci s'étale sur une durée de plus de quatre heures. Or, le film de Jean-Paul Rappeneau tient sur une durée de deux heures et 17 minutes de bobine.

A partir de là, le cinéaste dépoussière la pièce de théâtre de Rostand et vient lui apporter un nouveau souffle.

Jean-Paul Rappeneau peut alors s'appuyer sur de très bons acteurs, notamment Gérard Depardieu. Ce dernier est tellement charismatique qu'il porte le film presque à lui tout seul. Par exemple, Vincent Perez et Anne Brochet ne sont pas forcément mauvais mais peinent à transparaître devant la performance de Depardieu.

Seul Jacques Weber parvient à lui tirer quelques répliques bien senties. L'histoire est connue de tous et se focalise sur les aventures tragi-comiques d'un héros au physique disgracieux et amoureux de la belle Roxane (Anne Brochet).

Jean-Paul Rappeneau varie les plaisirs et oscille entre aventure, humour, comédie, tragédie et film de cape et d'épée.
Comme je l'ai déjà souligné, le cinéaste ne trahit jamais l'esprit de la pièce d'origine, tout en y apportant sa touche personnelle.

Bref, un vrai classique du cinéma français, et plus largement, du septième art en général. En trois mots: à voir absolument !

Note: 18/20
Sources et références :
A voir à lire
AlloCiné
Avenue de l'horreur
Cinemafantastique
Critikat.com
DeVilDead
Dvdclassik
Horreur.com
Horreur.net
Horreur-web.com

Mad Movies

Nanarland

Naveton Cinéma, le blog ciné le plus nul du net !

Oh my gore !

Wikipédia

Oui, je veux morebooks!

I want morebooks!

Buy your books fast and straightforward online - at one of the world's fastest growing online book stores! Environmentally sound due to Print-on-Demand technologies.

Buy your books online at
www.get-morebooks.com

Achetez vos livres en ligne, vite et bien, sur l'une des librairies en ligne les plus performantes au monde!
En protégeant nos ressources et notre environnement grâce à l'impression à la demande.

La librairie en ligne pour acheter plus vite
www.morebooks.fr

VDM Verlagsservicegesellschaft mbH
Heinrich-Böcking-Str. 6-8   info@vdm-vsg.de
D - 66121 Saarbrücken   Telefax: +49 681 93 81 567-9   www.vdm-vsg.de

www.ingramcontent.com/pod-product-compliance
Lightning Source LLC
Chambersburg PA
CBHW020652300426
44112CB00007B/341